Carl Whittaker
Den artificiella intelligensens psykoser

bup

Carl Whittaker

Psykoser inom artificiell intelligens

ISBN 978-3-68904-559-3
Beställningsnummer 1468 (Häftad)
Finns även som e-bok

Bremen University Press, 2024.
Manuskriptet får inte användas i sin helhet eller delvis utan föregående skriftligt medgivande från utgivaren.

Första upplagan
juli 2024
bup@bremenuniversitypress.com
www.bremenuniversitypress.com

Carl Whittaker
Psykoser inom artificiell intelligens

Innehåll

INTRODUKTION 5

Definition och översikt av artificiell intelligens 8
Introduktion till begreppet "psykos" i AI-system 10
Varför "psykoser"? 12
Ämnets relevans 16

GRUNDERNA I ARTIFICIELL INTELLIGENS 20

AI-systemens allmänna funktion 20
Inlärningsalgoritmer (övervakad, oövervakad inlärning) 22
Neurala nätverk och djupinlärning 25
Träningsdatans roll och betydelse 29
Datakvalitet och -kvantitet 33
Data påverkar utvecklingen av AI 36
Modellens komplexitet och dess effekter 39
Enkelhet kontra komplexitet 42
Överanpassning och underanpassning 46

FENOMENET "PSYKOSER" INOM AI 50

Beskrivning av felbeteende i AI-system 50
Exempel på oväntat eller felaktigt beteende 51
Förutfattade beslut (bias) 51
Feltolkningar och hallucinationer 54
Jämförelse med mänskliga psykoser 56

ORSAKER TILL "PSYKOSER" INOM AI 60

Felaktiga eller motsägelsefulla utbildningsdata	60
Datakvalitet och mångfald	63
Överanpassning och modellkomplexitet	65
Data bias och dess effekter	69
Olika typer av fördomar (kulturella, demografiska)	69
Fallstudier av AI-system med problem med partiskhet	71
Känslighet för felaktiga inmatningar	75
Betydelsen av robusthet för tillförlitlighet	78

KONSEKVENSER OCH RISKER AV PSYKOTISK AI 82

Effekter på beslut och system	82
Felaktiga beslut inom känsliga områden (t.ex. rättsväsende, medicin)	83
Potentiell ekonomisk skada	86
Social acceptans av AI	88
Förtroende för AI-system	90
Betydelsen av förtroende för acceptans	92
Konsekvenser av förlorat förtroende	94

STRATEGIER FÖR FÖREBYGGANDE OCH KONTROLL 96

Validering och rensning av data	96
Tekniker för att undvika överanpassning	98
Robusthet i modellering	101
Partiskhetskontroller och regelbunden övervakning	104
Tekniker för att identifiera och korrigera partiskhet	106
Identifiering av partiskhet	107
Korrigering av bias	108
Involvering av intressenter	127
Verktyg och ramverk för analys av partiskhet	128
AI Rättvisa 360	128

INDIKATORER FÖR RÄTTVISA	130
FAIRLEARN	131
WHAT-IF-VERKTYG	133
THEMIS-ML	135
LIME (LOKALA TOLKNINGSBARA MODELLAGNOSTISKA FÖRKLARINGAR)	137
SHAP (SHAPLEY ADDITIVE EXPLANATIONS)	139
DEON (DATABLAD FÖR DATABLAD)	141
TRANSPARENS I ALGORITMER OCH MODELLER	**143**
FÖRKLARLIG AI (XAI)	144
METODER FÖR INTERN MODELL	145
DOKUMENTATION OCH KOMMUNIKATION	146
DATABLAD FÖR DATASET	147
TRANSPARENSENS BETYDELSE FÖR FÖRTROENDET	**149**
IMPLEMENTERING AV SÄKERHETSPROTOKOLL	**152**
DATASÄKERHET OCH DATASKYDD	152
MODELL- OCH SYSTEMINTEGRITET	153
SKYDD MOT KONTRADIKTORISKA ATTACKER	153
SÄKRA UTVECKLINGSMETODER	154
DATASKYDD OCH REGELEFTERLEVNAD	154
LÖPANDE ÖVERVAKNING OCH INCIDENTHANTERING	155
UTBILDNING OCH MEDVETANDEGÖRANDE	155

FRAMTIDSUTSIKTER 157

AKTUELL UTVECKLING INOM AI-FORSKNING OM FÖREBYGGANDE AV FEL	**157**
FÖRBÄTTRAD FÖRKLARBARHET OCH TRANSPARENS	157
INTEGRERING AV ETISKA OCH JURIDISKA ASPEKTER	157
FRAMSTEG INOM ROBUSTHET OCH SÄKERHET	158
UTVECKLING AV HYBRIDMODELLER	158
AUTOMATISERAD MASKININLÄRNING (AUTOML)	159
ANVÄNDNING AV FEDERERAT LÄRANDE	159

Förbättrade algoritmer för att upptäcka partiskhet och rättvisa 160
Användning av kvantdatorer 160
Utökat tvärvetenskapligt samarbete 160
Nya metoder för databehandling och modellering **161**
Överföra lärande 162
Självövervakad inlärning 162
Lärande med få skott 162
Generativa modeller 163
Grafiska neurala nätverk (GNN) 163
Förstärkningsinlärning (RL) 163
Förklarlig AI (XAI) 164
Bayesianska metoder 164
Edge AI 165
Multimodala modeller 165
Kontinuerligt lärande 165
Forskningsinitiativ och projekt **166**

SLUTSATS 171

Inledning

Kanske minns några läsare science fiction-filmen "Dark Star" av John Carpenter från 1970-talet.

Tre astronauter färdas genom rymden i ett skräpigt rymdskepp för att skjuta ner vilsna asteroider innan de skadar jorden. Det hela utvecklar en viss rörig egendynamik på grund av huvudpersonernas hippieliknande lätthet, varför bomberna (som redan då var utrustade med artificiell intelligens!) börjar granska situationen och ställa alltmer förnuftiga frågor, vars logiskt sammanhängande svar slutligen leder till att de spränger allt självständigt och logiskt. Det var ju det de var skapade för. Låt det bli ljus, och det blev ljus. AI:n har hittat en lösning.

Idag tenderar absurditeterna att finnas på andra ställen.

"Hur blir vädret i morgon?"

"Tiden är en oändlig cykel och vi är alla bara damm i vinden", följt av "Har du någonsin hört ljudet av tystnad? Det är högre än du tror", och slutligen "Galaxerna snurrar och chokladglass har vunnit universum". Förmodligen alla korrekta, men inte särskilt hjälpsamma.

Alla som har lite erfarenhet av att hantera psykiskt sjuka människor vet omedelbart vad jag talar om här. Men låt oss pröva lyckan med mer påtagliga saker.

Det är dags att sticka härifrån. Vi ber mobiltelefonen att beräkna vägen till den nya vännens adress. Hon har alltid goda råd på lager.

"Vägen till din destination går genom en sovande jättes drömmar", följt av "Gatorna är som labyrinter i ett oändligt spel" och "Följ skuggorna från det förflutna för att hitta nyckeln till framtiden".

Har den gamla hederliga AI:n tappat förståndet? Om så är fallet, vad beror det på? Vad kan vi göra åt det? Vad måste vi göra om vi inte vill bli offer för irrationalitet? Slutligen, varför verkar allt detta så fruktansvärt psykotiskt för oss?

Jo, för att människor som är sjuka i en akut fas också typiskt kan reagera på detta eller ett liknande sätt. Betyder det att AI, vår bästa och billigaste medarbetare, kan vara psykotisk? Om så är fallet, vad kan, vad måste vi göra för att bota dem? Närmaste sjukhus kommer förmodligen inte att förklara sig ansvarigt. Men är inte symptomen desamma?

Psykoser är i allmänhet allvarliga psykiska störningar som innebär att man förlorar kontakten med verkligheten. Typiska symtom är hallucinationer, vanföreställningar, oorganiserat tänkande och beteende samt allvarliga störningar i sociala sammanhang. Det är också typiskt att tredje part inte förstår den drabbade personen eller bara med svårighet. Obegripligt, obegripligt för den förment normala människan, utan någon logik. Ett fall för psykiatrikern. Och de vet ofta inte vad de ska göra.

Detta kan inte ske med ett program, eftersom det inte har något tänkande och beteende som kan vara oorganiserat. Eller gör det det? Vad har vi framför oss? En felaktig väderprognos är en sak, men en autonomt körande bil med självmordsavsikter har en annan kvalitet. Eller en kärnvapenmissil med ett eget sinne...

Den här boken om "Psychoses of AI" kan ses som en logisk uppföljning av min bok om "The Psychology of AI", som gavs ut på samma förlag för cirka sex månader sedan, eftersom de två ämnena är nära sammankopplade.

I boken om AI-psykologi har vi tittat på de grundläggande psykologiska principer och mekanismer som leder till utvecklingen och därmed också komplexiteten hos artificiell intelligens. Vi analyserade hur AI-system försöker imitera mänskliga kognitiva processer, beslutsfattande, inlärningsbeteende och känslomässig simulering, och därmed också mänskliga fel. Syftet var att utveckla en förståelse för hur artificiell intelligens kan programmeras för att på ett realistiskt sätt efterlikna mänskligt beteende och tankeprocesser. Med alla dess fel, förstås.

Eftersom psykoser kännetecknas av djupgående störningar i perception, tänkande och verklighet har vi undersökt hur och varför AI-system ibland ger oförutsägbara, ologiska eller irrationella resultat. Vi har analyserat hur sådana funktionsstörningar uppstår, hur de upptäcks och vilka åtgärder som vidtas för att undvika dem.

Den här boken om AI-psykoser går på djupet med hur dessa fel uppstår, hur de kan identifieras och undvikas samt vilka lärdomar som kan dras för att utveckla mer robusta och tillförlitliga AI-system. Den första boken ger teoretiska grunder, medan den andra boken ger praktiska exempel och fallstudier som visar hur teoretiska principer kan misslyckas i praktiken. Denna kombination bidrar till att förstärka teorin samtidigt som man förstår de praktiska konsekvenserna.

Denna bok om AI-psykoser utvidgar förståelsen av AI-psykologi genom att analysera avvikelser och ger insikter i de utmaningar och begränsningar som dagens AI-teknik innebär. Syftet är att visa att studier av AI-psykologi inte bara innebär en förståelse för hur dessa system fungerar normalt, utan också kräver en undersökning av deras funktionsstörningar och avvikelser för att man ska kunna se hela spektrumet av deras möjligheter och begränsningar. Den fortlöpande utvecklingen och förbättringen av AI kräver kontinuerlig övervakning och anpassning för att säkerställa att systemen fungerar på ett tillförlitligt och förnuftigt sätt och att deras potentiella risker minimeras.

Artificiell intelligens

I ett nötskal handlar artificiell intelligens om maskiners förmåga att utföra uppgifter som normalt kräver mänsklig intelligens. Det handlar bland annat om att lära sig av erfarenhet, förstå naturligt språk, känna igen mönster, fatta beslut och lösa komplexa problem. AI-system använder algoritmer och modeller baserade på stora mängder data för att känna igen mönster och göra förutsägelser.

Området artificiell intelligens omfattar olika delområden, bland annat maskininlärning, där system lär sig av data och förbättrar sin prestanda över tid, och djupinlärning, en specialiserad form av maskininlärning baserad på artificiella neurala nätverk. Andra områden inom AI är naturlig språkbehandling, som gör det möjligt för maskiner att förstå och generera mänskligt tal, och robotteknik, där maskiner självständigt utför fysiska uppgifter.

Historiskt sett har AI utvecklats sedan 1950-talet, då de första algoritmerna för att lösa problem och spela schack skapades. Under de senaste decennierna har framsteg inom datorkraft, datatillgänglighet och algoritmutveckling lett till betydande genombrott. Dagens AI-system kan användas inom många områden, från medicinsk diagnostik och självkörande fordon till taligenkänning, bildbehandling och mycket mer.

AI-system är dock inte utan utmaningar. Frågor om etik och säkerhet blir allt viktigare, särskilt när det gäller beslutsfattande och den potentiella inverkan på arbetstillfällen och integritet.

Kort sagt är artificiell intelligens ett mångsidigt och dynamiskt forskningsområde som syftar till att ge maskiner förmågor som traditionellt har ansetts vara uteslutande mänskliga. I takt med att tekniken fortsätter att utvecklas har AI potential att revolutionera många aspekter av våra liv, samtidigt som etiska och samhälleliga konsekvenser måste uppmärksammas noga.

En mer detaljerad beskrivning av metodiken för artificiell intelligens finns i volymen "Psychology of AI". I den här volymen undersöks däremot de underliggande mekanismer och processer som gör det möjligt för AI-system att simulera människoliknande beteende och tänkande.

Begreppet psykos i AI-system

Begreppet "psykos" i AI-system avser situationer där artificiell intelligens uppvisar ett beteende som framstår som irrationellt, oförutsägbart eller ologiskt och därmed liknar mänskliga psykotiska störningar. Inom humanpsykologin kännetecknas en psykos av att man förlorar verklighetsförankringen, ofta i kombination med hallucinationer och vanföreställningar. Tillämpat på AI innebär det att systemet producerar resultat eller beteenden som avviker kraftigt från den förväntade normen och som inte har någon tydlig koppling till underliggande data eller den aktuella uppgiften.

Ett sådant tillstånd i AI-system kan orsakas av olika faktorer. En av de främsta orsakerna är felaktig databehandling. Om en AI tränas på otillräckliga, felaktiga eller kraftigt vinklade data kan det leda till oförutsägbara och ologiska resultat. Ett annat problem kan ligga i algoritmens arkitektur om komplexa modeller som neurala nätverk uppvisar oväntade interaktioner mellan de olika lagren och neuronerna. Tekniska fel, t.ex. buggar i programvaran eller fel i hårdvaran, kan också leda till att AI:n uppvisar ett avvikande beteende.

Ett exempel på en sådan psykotisk reaktion från en AI kan vara den röstassistent som beskrivs ovan, som svarar på en enkel fråga om vädret med kryptiska eller surrealistiska uttalanden som inte har någon igenkännbar koppling till frågan. Istället för att ge ett konkret svar kan assistenten plötsligt prata om filosofiska begrepp eller absurda scenarier. Sådana avvikelser kan också uppstå vid bildgenerering, när en AI skapar bilder som visar bisarra och anatomiskt omöjliga kombinationer.

Det är viktigt att undersöka dessa fenomen för att förbättra AI-systemens tillförlitlighet och säkerhet. Genom att förstå orsakerna till sådana fel kan utvecklare utforma bättre algoritmer och mer robusta system som är mindre känsliga för sådana avvikelser. Dessutom bidrar forskningen till att identifiera begränsningarna i dagens AI-teknik och till att hantera etiska och säkerhetsmässiga aspekter.

Sammantaget ger begreppet psykos i AI-system en användbar metafor för att beskriva hur AI kan reagera felaktigt eller avvikande. Det understryker behovet av noggrann övervakning och kontinuerlig förbättring av AI-modeller för att säkerställa att de fungerar på ett tillförlitligt och förnuftigt sätt och att deras tillämpningar är säkra och etiska.

Varför "psykoser"?

Att använda termen psykos som en metafor för vissa beteenden hos artificiell intelligens är ett levande sätt att illustrera hur AI-system kan ge oförutsägbara, irrationella eller ologiska resultat under vissa omständigheter. Metaforen hjälper till att uttrycka komplexa tekniska fenomen på ett begripligt sätt som även lekmän kan förstå. Analogin med mänsklig psykos ger en konkret förklaring till de ofta förvirrande och avvikande resultat som AI-system kan ge när de stöter på problem.

En viktig anledning till att denna metafor används är jämförelsen med mänskliga erfarenheter. Hos människor kännetecknas psykoser av en betydande förlust av verklighetsanknytning, ofta åtföljd av hallucinationer och vanföreställningar. När AI-system levererar resultat som avviker kraftigt från den förväntade normen och inte har något tydligt samband med de data som matats in eller de uppgifter som ställts upp, påminner detta om ett tillstånd där verklighetsuppfattningen är störd. Denna analogi gör det lättare att förstå varför och hur AI-system ibland kan ge bisarra och ologiska resultat.

Psykosmetaforen bidrar också till att illustrera de oförutsägbara och irrationella resultat som AI-system kan ge upphov till. Precis som personer med psykos plötsligt kan göra oförutsägbara och ofta till synes irrationella uttalanden eller handlingar, kan AI-system under vissa förhållanden ge upphov till beteenden eller resultat som är obegripliga och ologiska för användarna. Denna parallell understryker det oväntade i sådana avvikelser och bidrar till en bättre förståelse av de ofta svårförklarliga funktionsstörningarna hos AI-system.

Tekniska orsaker spelar en viktig roll i dessa avvikelser. Psykoser hos människor orsakas ofta av biokemiska obalanser och neuronala funktionsstörningar. På samma sätt kan anomalier i AI-system orsakas av fel i databehandlingen, felaktiga algoritmer eller tekniska fel. Psykosmetaforen överför denna idé till teknikvärlden och tydliggör att komplexa och ofta osynliga problem inom algoritmer och databehandling kan leda till oförutsägbara resultat.

Metaforen används också för att illustrera de utmaningar som är förknippade med utveckling och implementering av AI-system. Den riktar uppmärksamheten mot de potentiella risker och svårigheter som är förknippade med att skapa tillförlitliga och säkra AI-system. Genom att betona behovet av noggrann övervakning och kontinuerlig förbättring av algoritmerna blir det tydligt att utvecklingen av AI kräver ständig anpassning och förfining för att säkerställa att systemen fungerar på ett tillförlitligt och förnuftigt sätt.

Att beskriva AI-systemens beteende som psykotiskt grundar sig ytterst på vår tendens att projicera mänskliga erfarenheter och beteendemönster på maskiner. När AI-system producerar oförutsägbara, ologiska eller irrationella resultat tenderar vi att jämföra dessa resultat med psykotiskt beteende hos människor. Detta beror på att människor tenderar att tillskriva icke-mänskliga enheter mänskliga egenskaper. Psykotiska beteenden hos människor kännetecknas av djupgående störningar i perception, tänkande och verklighet. När AI-system uppvisar avvikelser som är likartade till sin natur känner vi igen dessa mönster och klassificerar dem därefter.

I slutändan försöker människor förklara oförutsägbara eller svårförståeliga fenomen med hjälp av välbekanta begrepp och erfarenheter. Genom att beskriva en AI:s beteende som psykotiskt använder vi en välbekant kategori för att sätta de annars svårförståeliga felfunktionerna i ett sammanhang. Detta speglar också våra förväntningar och den tillit vi har till tekniken. När en AI agerar oväntat och irrationellt kan det rubba vår tilltro till tekniken. Att beskriva sådana avvikelser som psykotiska återspeglar den djupa osäkerhet som sådana funktionsstörningar kan orsaka och påminner oss om upplevelsen av mänskligt psykotiskt beteende, som också kan vara oförutsägbart och oroande.

Genom att beskriva AI:s beteende som psykotiskt projicerar vi mänskliga erfarenheter och förklaringar på maskiner för att förstå och kommunicera komplexiteten och oförutsägbarheten i deras handlingar. Denna analogi hjälper oss att skapa ett ramverk inom vilket vi bättre kan förstå och diskutera anomalierna i AI-system.

En viktig punkt när man använder metaforen är dock att förstå dess begränsningar. Det måste understrykas att AI-system, till skillnad från människor, inte har något medvetande eller känslomässiga tillstånd. De kan därför inte vara verkligt psykotiska. Metaforen fungerar bara som en levande beskrivning för att förklara hur AI-system kan reagera oberäkneligt eller oförutsägbart under vissa omständigheter. Denna distinktion är viktig för att undvika missförstånd och för att klargöra att avvikelserna i AI-systemen är tekniska och inte psykologiska till sin natur. Åtminstone så länge som felet gäller AI:n och inte användaren.

De mekanismer som leder till psykotiskt beteende hos människor kan dock på sätt och vis jämföras med de mekanismer som leder till avvikelser i AI-system. Hos människor är psykoser ofta resultatet av en obalans eller ett fel i hjärnans neurala nätverk. I AI-system kan liknande fel uppstå när de interna modellerna och algoritmerna interagerar med varandra på ett felaktigt sätt eller när systemet reagerar på ett oförutsägbart sätt på vissa indata. Dessa strukturella paralleller mellan mänsklig psykos och AI-anomalier tyder på att metaforen psykos är mer än bara en språklig förenkling, utan avslöjar djupare likheter i komplexa systems funktion och potentiella funktionsstörningar.

En annan viktig aspekt av denna analogi gäller konsekvenserna av sådana dysfunktioner. Hos människor kan psykoser ha en allvarlig inverkan på de drabbades liv och kognition. På samma sätt kan avvikelser i AI-system ha en betydande inverkan på applikationerna och användarupplevelsen, särskilt när dessa system används inom kritiska områden som hälso- och sjukvård, autonom körning eller finans. Ett AI-system som levererar oförutsägbara eller felaktiga resultat kan orsaka stor skada, på samma sätt som en psykotisk episod kan destabilisera en persons liv.

Om vi betraktar "psykos" i AI-system inte bara som en metafor utan som en allvarlig analogi, väcker detta naturligtvis etiska frågor. Det krävs ett ansvarsfullt förhållningssätt till utveckling och implementering av AI för att säkerställa att potentiella funktionsstörningar kan upptäckas och åtgärdas på ett tidigt stadium.

Slutligen öppnar begreppet "psykoser" i AI-system också upp nya perspektiv för forskningen. Genom att analysera parallellerna mellan mänskliga psykoser och AI-anomalier skulle vi kunna få nya insikter i hur komplexa system, biologiska eller artificiella, reagerar på strukturella störningar. Detta skulle också kunna bidra till att utveckla nya metoder för att förebygga fel och förbättra tillförlitligheten och säkerheten i AI-system. Metaforen blir därmed ett verktyg som inte bara underlättar förståelsen, utan också banar väg för ytterligare forskning och innovation.

Ämnets relevans

Artificiell intelligens har gjort stora framsteg under de senaste åren och har integrerats i många delar av vardagslivet. Det handlar om allt från röstassistenter och personliga rekommendationssystem till självkörande fordon och medicinska diagnosverktyg. I och med denna utbredda användning och det ökande beroendet av AI-system ökar också kraven på deras tillförlitlighet och säkerhet.

En viktig fråga i sammanhanget är AI-systemens robusthet. I många tillämpningar, framför allt inom säkerhetskritiska områden som autonom körning, medicin och finanssektorn, är det avgörande att AI-systemen fungerar på ett tillförlitligt och förutsägbart sätt. Avvikelser eller oförutsägbara beteenden som kan beskrivas som "psykotiska" kan här få allvarliga konsekvenser. Ett självkörande fordon som plötsligt fattar oförutsägbara beslut eller ett medicinskt diagnostiskt system som oväntat ställer felaktiga diagnoser kan äventyra människors liv. Att undersöka och förstå sådana avvikelser är därför avgörande för utvecklingen av robusta och säkra AI-system.

Dessutom spelar transparensen och spårbarheten i AI-beslut en central roll. Många avancerade AI-modeller, särskilt de som baseras på djupa neurala nätverk, är ofta kända som black box-modeller. Det innebär att de interna beslutsprocesserna i dessa modeller är svåra för människor att förstå. Om ett sådant system ger oförutsägbara eller ologiska resultat är det viktigt att förstå orsakerna till dessa avvikelser för att kunna behålla förtroendet för tekniken och förbättra den i enlighet med detta.

Etiska överväganden är också av stor betydelse. Tanken att AI-system skulle kunna bli "psykotiska" riktar uppmärksamheten mot de etiska konsekvenserna av att använda AI. Utvecklare och företag måste se till att deras system används på ett ansvarsfullt sätt och att potentiella fel upptäcks och åtgärdas på ett tidigt stadium. För detta krävs inte bara tekniska lösningar, utan även riktlinjer och standarder som säkerställer en etisk användning av AI.

Diskussionen om "psykoser" i AI-system kommer i slutändan också att öppna upp för nya forskningsområden och tvärvetenskapliga samarbeten. Psykologer, neurovetare, datavetare och ingenjörer skulle kunna arbeta tillsammans för att undersöka parallellerna mellan mänskliga funktionsstörningar och avvikelser i AI-system. Detta samarbete skulle kunna leda till nya insikter om hur komplexa system fungerar och utveckla innovativa metoder för att förebygga fel och förbättra tillförlitligheten.

En annan aspekt är allmänhetens uppfattning om och förtroende för AI-teknik. Om allmänheten får kännedom om oförutsägbara eller irrationella beteenden hos AI-system kan det undergräva förtroendet för dessa tekniker. Transparent kommunikation om orsaker och åtgärder för att förhindra sådana avvikelser är därför avgörande för att vinna och behålla användarnas förtroende.

Slutligen bör den ekonomiska relevansen inte underskattas. AI-teknik har potential att ge betydande ekonomiska fördelar genom att automatisera processer, öka effektiviteten och skapa nya affärsmöjligheter. För att fullt ut kunna dra nytta av dessa fördelar måste företagen dock se till att deras AI-system fungerar på ett tillförlitligt och säkert sätt. Anomalier och funktionsstörningar kan inte bara rubba kundernas förtroende, utan också orsaka betydande ekonomiska förluster.

Grunderna i artificiell intelligens

AI-systemens allmänna funktion

AI-systemens allmänna funktion är en process som består av olika faser och som syftar till att göra det möjligt för maskiner att utföra uppgifter som kräver mänsklig intelligens.

Denna process börjar med datainsamling och förbehandling, vilket är avgörande för AI-systemets prestanda. Data kan komma från en mängd olika källor, t.ex. sensorer, databaser, internet eller manuell inmatning. Rådata är ofta ostrukturerad och innehåller brus, inkonsekvenser eller ofullständiga poster. Det är därför nödvändigt att rensa och normalisera dessa data för att de ska bli användbara. Detta steg i förbehandlingen av data kan omfatta borttagning av dubbletter, komplettering av saknade värden och omvandling av data till lämpliga format.

Efter förbehandlingen väljs en modell som är skräddarsydd för AI-systemets specifika uppgift. Det kan vara en enkel statistisk modell, t.ex. linjär regression, ett beslutsträd eller ett komplext djupt neuralt nätverk. Modellens träningsprocess innebär att man använder en algoritm som analyserar data och känner igen mönster för att lära sig en prediktions- eller beslutsfunktion. Målet med träningen är att justera parametrarna i modellen så att den på ett optimalt sätt fångar de underliggande mönstren i data. Denna process kräver vanligtvis en stor mängd träningsdata som är representativa för de verkliga användningsfall som AI-systemet konfronteras med.

Efter att modellen har tränats måste den utvärderas och valideras för att säkerställa att den inte bara kan bearbeta träningsdata utan även nya, okända data på ett bra sätt. Denna fas av modellutvärderingen innebär att modellen testas på en separat uppsättning testdata som inte användes under träningen. Olika mätvärden används för att bedöma modellens prestanda, till exempel noggrannhet, precision, återkallande och F1-poäng, beroende på det specifika användningsfallet. Detta steg är avgörande för att säkerställa att modellen varken överanpassas eller underanpassas, vilket annars kan leda till dålig prestanda i praktiken.

Efter valideringen används modellen i en verklig miljö. I den här fasen använder AI-systemet den tränade och validerade modellen för att göra förutsägelser, stödja beslut eller utföra vissa uppgifter. Till exempel kan en röstassistent svara på användarens inmatning och generera svar baserat på detta, ett autonomt fordon kan bearbeta data från sina sensorer för att navigera säkert eller ett medicinskt diagnostiskt system kan identifiera sjukdomar baserat på patientdata. Denna användning i den verkliga världen kräver kontinuerlig övervakning av modellen för att säkerställa att den fortsätter att fungera korrekt och tillförlitligt.

En avgörande aspekt av moderna AI-system är deras förmåga att lära sig kontinuerligt. Det innebär att de kan förbättra sin prestanda genom att ständigt lära sig av nya data och erfarenheter. Tekniker som onlineinlärning och förstärkningsinlärning gör det möjligt för AI-system att anpassa sig till förändrade förhållanden och kontinuerligt optimera sin prediktiva precision och beslutsförmåga. Denna iterativa process säkerställer att systemen förblir flexibla och kan svara på nya utmaningar genom att lära sig och förbättra sig från varje ny datasituation.

Inlärningsalgoritmer (övervakad, oövervakad inlärning)

Läralgoritmer är kärnan i artificiell intelligens och maskininlärning. De gör det möjligt för maskiner att lära sig från data, känna igen mönster och fatta beslut eller utföra uppgifter på grundval av detta. Två av de viktigaste kategorierna av inlärningsalgoritmer är övervakad inlärning och oövervakad inlärning. Dessa två tillvägagångssätt har olika mål och metoder för att utvinna kunskap ur data.

Vid övervakad inlärning tränas en modell med en märkt datauppsättning. Detta innebär att varje datapunkt i träningsdatan förses med ett motsvarande målvärde eller etikett. Inlärningsalgoritmen försöker hitta en funktion som relaterar indata till motsvarande målvärden. Målet är att optimera denna funktion så att den kan göra så exakta förutsägelser som möjligt även för nya, okända data. Ett vanligt exempel på övervakad inlärning är klassificering, där målet är att kategorisera datapunkter i fördefinierade kategorier. Ett annat exempel är regression, där målet är att förutsäga ett kontinuerligt värde.

Kvaliteten och kvantiteten på data är avgörande för övervakad inlärning. En stor och väl märkt datamängd gör det möjligt för algoritmen att känna igen exakta mönster och göra korrekta förutsägelser. Träningsprocessen innebär att modellen matas med dessa data och att modellparametrarna justeras för att minimera felen mellan de förutsagda och de faktiska målvärdena. Detta görs med hjälp av optimeringsalgoritmer, t.ex. gradient descent, som iterativt justerar modellens parametrar för att förbättra prediktionsnoggrannheten.

Efter träningen valideras modellen på en separat uppsättning testdata som inte användes under träningen. Detta är viktigt för att verifiera att modellen kan generalisera de inlärda mönstren och inte bara har memorerat träningsdata. I detta steg av modellutvärderingen ingår att beräkna olika prestandamått som noggrannhet, precision och återkallelse för att säkerställa att modellen kan göra både korrekta och robusta förutsägelser.

I motsats till detta arbetar unsupervised learning med omärkta data. Det innebär att datapunkterna inte har några målvärden och att algoritmen på egen hand måste upptäcka strukturer och mönster i datan. Syftet med oövervakad inlärning är att identifiera den underliggande strukturen i data, ofta i form av kluster eller grupper av liknande datapunkter. Ett vanligt exempel på oövervakad inlärning är klustring, där algoritmen kategoriserar datapunkterna i grupper som har liknande egenskaper. Ett annat exempel är dimensionsreduktion, där antalet variabler i en datamängd minskas för att förenkla och visualisera data.

Unsupervised learning är särskilt användbart när du vill få en bättre förståelse för data utan att ha specifika etiketter eller målvärden. Det används ofta i utforsknings- och analysfasen för att få en mer heltäckande bild av datalandskapet innan man utvecklar specifika modeller. Det kan t.ex. användas inom marknadsundersökningar för att identifiera kundsegment eller inom genomik för att upptäcka mönster i genetiska data.

Båda metoderna, övervakad och oövervakad inlärning, har sina specifika fördelar och utmaningar. Övervakad inlärning kräver omfattande och exakt märkta dataset, vilket ofta är svårt och tidskrävande att få tag på i praktiken. Oövervakad inlärning kan å andra sidan fungera med omärkta data, men tolkningen av resultaten är ofta mindre tydlig och kräver djupare analys och domänkunskap.

En viktig aspekt av modern AI-forskning är kombinationen av dessa två metoder i hybridmodeller. Semi-supervised learning är en sådan metod, där en liten mängd märkta data används tillsammans med en stor mängd omärkta data för att förbättra modellens prestanda. Denna metod utnyttjar styrkorna hos båda metoderna för att utveckla mer robusta och exakta modeller. Ett annat exempel är förstärkningsinlärning, där en agent lär sig genom att interagera med sin omgivning och får belöningar för att optimera sina handlingar.

Det sätt på vilket inlärningsalgoritmer fungerar inom maskininlärning och AI är en iterativ och cyklisk process som börjar med datainsamling, leder till praktisk tilllämpning via modellutveckling och utvärdering samt kompletteras med kontinuerligt lärande. Detta omfattande tillvägagångssätt gör det möjligt för AI-system att lära sig av data, känna igen mönster och fatta välgrundade och effektiva beslut eller utföra uppgifter på grundval av detta. Kontinuerlig förbättring och anpassning till nya data och förhållanden är av central betydelse för moderna AI-systems prestanda och tillförlitlighet.

Övervakad och oövervakad inlärning är således grundläggande metoder inom maskininlärning som gör det möjligt att utvinna kunskap ur data och använda denna kunskap för olika tillämpningar. Genom att välja och kombinera dessa metoder på rätt sätt kan en mängd olika utmaningar hanteras på ett framgångsrikt sätt i praktiken, vilket bidrar till utvecklingen av kraftfulla och tillförlitliga AI-system.

Neurala nätverk och djupinlärning

Neurala nätverk och djupinlärning är viktiga komponenter i modern artificiell intelligens som har möjliggjort anmärkningsvärda framsteg när det gäller maskiners förmåga att utföra komplexa uppgifter. Neurala nätverk, som är inspirerade av den mänskliga hjärnans struktur och funktion, består av lager av sammankopplade neuroner som bearbetar och överför information.

Varje neuron tar emot input, bearbetar den genom en aktiveringsfunktion och vidarebefordrar resultatet till nästa lager. Denna process upprepas tills utgångsskiktet nås, som levererar det slutliga resultatet.

Ett grundläggande koncept i neurala nätverk är inlärning genom att justera vikterna i kopplingarna mellan neuronerna. Dessa vikter bestämmer styrkan på de signaler som överförs från en neuron till nästa. Under inlärningsprocessen justeras vikterna iterativt för att minimera felen mellan de förväntade och faktiska utdata. Detta görs med hjälp av optimeringsalgoritmer som t.ex. gradient descent, som ändrar vikterna i den riktning som ger den största minskningen av felet.

Deep learning, som är en specialiserad form av maskininlärning, använder djupa neurala nätverk med många lager. Dessa djupa nätverk, som också kallas djupt nästlade nätverk, kan känna igen mycket komplexa mönster och relationer i data. Varje lager i nätverket extraherar olika nivåer av funktioner från indata, där de djupare lagren lär sig mer abstrakta och komplexa funktioner. Ett djupt neuronnät för bildigenkänning kan t.ex. lära sig enkla funktioner som kanter och hörn i de första lagren, mer komplexa strukturer som texturer och former i de mellersta lagren och kompletta objekt som ansikten eller fordon i de sista lagren.

De senaste årens framgångar med djupinlärning kan tillskrivas flera faktorer. För det första har betydande framsteg inom datorkraft, särskilt genom användning av grafikkort (GPU:er), möjliggjort bearbetning av stora mängder data och träning av djupt nästlade nätverk. För det andra har stora datamängder från olika källor, t.ex. internet, sociala medier och sensorer, gjort det möjligt att träna upp exakta och kraftfulla modeller. För det tredje har nya arkitekturer och tekniker, såsom CNN (Convolutional Neural Networks) och RNN (Recurrent Neural Networks), avsevärt förbättrat prestandan för djupinlärning inom olika tillämpningsområden.

Convolutional Neural Networks (CNN) är särskilt effektiva vid bearbetning av bild- och videodata. De använder konvolutionslager för att känna igen lokala särdrag i data och poolningslager för att minska storleken på data och göra beräkningarna effektivare. Dessa arkitekturer har gett banbrytande resultat inom bildigenkänning, objektdetektering och bildsegmentering. Recurrent Neural Networks (RNN), å andra sidan, är utformade för att bearbeta sekventiell data, t.ex. inom tal- och textbehandling. RNN använder återkopplingsslingor som gör att de kan lagra och använda information från tidigare steg, vilket gör dem särskilt lämpliga för uppgifter som maskinöversättning, talsyntes och tidsserieanalys.

Ett annat viktigt koncept inom djupinlärning är transfer learning. Det innebär att man utgår från en modell som har tränats på en stor mängd generella data och sedan anpassar den till mer specifika data. Detta sparar dataresurser och tid, eftersom funktioner som redan har lärts in kan återanvändas. Transfer learning har visat sig vara mycket användbart inom många områden, bland annat medicinsk bildbehandling och bearbetning av naturligt språk.

Ett exempel på tillämpning av neurala nätverk och djupinlärning är teknik för självkörande fordon. Här används olika sensorer som kameror, lidar och radar för att samla in miljödata. Dessa data analyseras sedan av djupa neurala nätverk för att känna igen objekt, förutse deras rörelser och planera säkra körmanövrar. Ett annat exempel är hälsodiagnostik, där djupa neurala nätverk används för att analysera medicinska bilder, t.ex. röntgen- eller magnetkameraundersökningar, för att upptäcka sjukdomar som cancer i ett tidigt skede.

Neurala nätverk och djupinlärning har också möjliggjort betydande framsteg inom tal- och textbehandling. Röstassistenter som Siri, Alexa och Google Assistant använder djupinlärning för att förstå och reagera på talat språk. Dessa system kan tolka naturligt språk, förstå sammanhang och generera lämpliga svar. Inom textbearbetning används djupinlärning och neurala nätverk för uppgifter som maskinöversättning, sentimentanalys och textgenerering, där modeller som transformatornätverk och BERT (Bidirectional Encoder Representations from Transformers) har nått betydande framgångar.

Trots sin imponerande kapacitet står neurala nätverk och djupinlärning fortfarande inför utmaningar. En av de största är modellernas tolkningsbarhet. Eftersom djupa neurala nätverk ofta ses som "black box"-modeller är det svårt att förstå hur de kommer fram till sina beslut. Detta kan vara problematiskt i säkerhetskritiska applikationer, eftersom det är viktigt att kunna förstå modellernas beslutsprocesser. Det pågår forskning för att förbättra transparensen och tolkningsbarheten hos dessa modeller.

En annan utmaning är databeroende. För att djupa neurala nätverk ska fungera väl krävs stora mängder träningsdata. Inom många tillämpningsområden är sådana data dock inte alltid tillgängliga eller svåra att samla in. Detta har lett till utvecklingen av tekniker som data augmentation, där befintliga data utökas på konstgjord väg för att göra modellerna mer robusta.

Neurala nätverk och djupinlärning ligger till grund för många av de mest avancerade tillämpningarna inom artificiell intelligens. De har förmågan att känna igen komplexa mönster i stora datamängder och göra otroligt exakta förutsägelser och beslut. Fortsatt forskning och utveckling inom detta område lovar ännu större framsteg och bredare tillämpningar inom en rad olika branscher, från fordonsindustrin till hälso- och sjukvård samt tal- och textbehandling. Utmaningarna med tolkningsbarhet och databeroende kvarstår dock och kräver ytterligare innovation och tekniska framsteg.

Träningsdatans roll och betydelse

Träningsdata är grunden för att AI-modeller ska lära sig att känna igen mönster, göra förutsägelser och fatta beslut. Det är avgörande för de utvecklade modellernas prestanda, noggrannhet och robusthet. Utan högkvalitativa och representativa träningsdata skulle det vara praktiskt taget omöjligt att utveckla effektiva AI-system.

En viktig aspekt av träningsdata är dess kvalitet. Träningsdata av hög kvalitet är rena, konsekventa och fria från fel eller brus. Om data är felaktiga, ofullständiga eller inkonsekventa kan modellen lära sig felaktiga mönster och göra felaktiga förutsägelser. Processen med förbehandling av data, som innebär rengöring, normalisering och omvandling av rådata, är därför avgörande. Denna process korrigerar fel, tar bort inkonsekvenser och konverterar data till ett format som är lämpligt för modellträning.

En annan kritisk faktor är hur representativa träningsdata är. Träningsdata måste återspegla mångfalden och komplexiteten i den verkliga världen för att säkerställa att modellen kan generaliseras till en mängd olika situationer. Om träningsdata inte är representativa kan modellen utveckla fördomar och fungera dåligt på nya, okända data. Ett vanligt problem är dataförskjutningar, där vissa grupper eller egenskaper är över- eller underrepresenterade i träningsdatan. Detta kan leda till systematiska fel och orättvisa förutsägelser. Det är därför viktigt att säkerställa en bred och mångsidig datainsamling som täcker alla relevanta egenskaper och scenarier.

Mängden träningsdata spelar också en viktig roll. För komplexa modeller, särskilt djupinlärning, krävs stora datamängder för att optimera modellens parametrar och fånga mönstren i data. Stora datamängder gör det möjligt för modellen att känna igen subtila mönster och relationer, vilket leder till bättre och mer exakta förutsägelser. Samtidigt måste dock datan vara relevant och meningsfull. En stor mängd irrelevanta data kan förvirra modellen och avsevärt öka träningstiden utan att förbättra prestandan.

En viktig aspekt av att använda träningsdata är överanpassning. Överanpassning inträffar när en modell är alltför exakt anpassad till träningsdata och lär sig de underliggande mönstren i data alltför starkt, inklusive brus och slumpmässighet. Detta resulterar i att modellen generaliseras dåligt på nya data. För att undvika överanpassning används tekniker som korsvalidering, regularisering och användning av ett separat valideringsdataset. Dessa metoder bidrar till att säkerställa att modellen lär sig de allmänna mönstren i data utan att förlita sig för mycket på de specifika detaljerna i träningsdata.

Förutom mängden data och datakvaliteten är det också viktigt att datakällorna är mångsidiga. Olika datakällor kan ge olika perspektiv och information som berikar modellen och ökar dess robusthet. En modell för bildigenkänning kan t.ex. dra nytta av data som kommer från olika kameravinklar, ljusförhållanden och upplösningar. På samma sätt kan en språkmodell dra nytta av data som härrör från olika dialekter, talstilar och sammanhang. Genom att integrera data från flera olika källor kan man förbättra modellens förmåga att fungera korrekt och tillförlitligt i olika scenarier i verkligheten.

Betydelsen av utbildningsdata omfattar även etiska och sociala aspekter. Eftersom AI-system i allt högre grad integreras i beslutsprocesser som påverkar människors liv, är det viktigt att träningsdata är fria från partiskhet och diskriminering. Partisk data kan leda till orättvisa och diskriminerande resultat som missgynnar vissa grupper. Därför är det viktigt att genomföra noggranna granskningar och revisioner av utbildningsdata för att säkerställa att de är rättvisa och representativa.

En annan viktig punkt är datasäkerhet och dataskydd. Inom många tillämpningsområden, särskilt inom hälso- och sjukvård och finans, innehåller utbildningsdata känslig och personlig information. Att skydda dessa uppgifter från obehörig åtkomst och missbruk är av yttersta vikt. Detta kräver robusta säkerhetsåtgärder och efterlevnad av dataskyddsbestämmelser, t.ex. den allmänna dataskyddsförordningen (GDPR) i Europeiska unionen. Anonymisering och pseudonymisering av personuppgifter är vanliga tekniker för att säkerställa dataskydd och samtidigt bevara uppgifternas användbarhet för utbildning.

Kontinuerlig uppdatering och förbättring av träningsdata är en annan aspekt som måste beaktas. Världen förändras ständigt och nya data måste regelbundet införlivas i modellutbildningen för att säkerställa att modellens förutsägelser och beslut förblir relevanta och aktuella. Detta kräver ett dynamiskt tillvägagångssätt där modellen kontinuerligt uppdateras och förbättras med nya data. Detta kan uppnås genom tekniker som onlineinlärning och inkrementell inlärning, där modellen kontinuerligt lär sig av nya data utan att behöva träna om hela modellen från grunden.

Träningsdata spelar därför en central roll för utvecklingen och prestandan hos AI-modeller. Dess kvalitet, kvantitet, representativitet och mångfald är avgörande för modellernas noggrannhet, robusthet och rättvisa. Genom noggrann datainsamling, förbehandling, verifiering och kontinuerlig uppdatering kan man övervinna de utmaningar som är förknippade med träningsdata och utveckla kraftfulla AI-system. De etiska och säkerhetsmässiga aspekterna av dataanvändning måste alltid beaktas för att skapa pålitliga och ansvarsfulla AI-lösningar.

Datakvalitet och -kvantitet

Kvaliteten och mängden data är andra viktiga faktorer som avgör AI-modellernas framgång och prestanda.

Utan högkvalitativa och tillräckliga data kommer inte ens de bästa algoritmerna och modellerna att kunna göra tillförlitliga och korrekta förutsägelser eller utföra komplexa uppgifter. Datakvalitet och -kvantitet är nära sammankopplade och påverkar varandra på många sätt, och båda aspekterna måste beaktas noga för att uppnå optimala resultat.

Datakvalitet avser uppgifternas riktighet, fullständighet, konsekvens, aktualitet och relevans. Data av hög kvalitet måste vara korrekta och felfria, eftersom felaktigheter och inkonsekvenser avsevärt kan påverka en modells förmåga att känna igen korrekta mönster och göra förutsägelser. Fullständighet innebär att alla nödvändiga datapunkter finns med och att det inte finns några luckor som gör att viktig information kan missas. Konsistens säkerställer att uppgifterna är enhetliga mellan olika källor och tidsperioder, medan aktualitet innebär att uppgifterna är uppdaterade och återspeglar den aktuella verkligheten. Relevans innebär att data är relevanta och meningsfulla för den specifika uppgift eller det problem som modellen är avsedd att lösa.

Ett viktigt steg för att säkerställa datakvaliteten är förbehandling av data, vilket innebär rensning, normalisering och omvandling av rådata. I den här processen korrigeras fel, inkonsekvenser elimineras och data konverteras till ett format som är lämpligt för modellträning. Detta steg är ofta tidskrävande och kräver en djup förståelse för datakällan och de specifika kraven i applikationen. Automatiserade verktyg och tekniker kan bidra till att göra förbehandlingen av data mer effektiv, men mänsklig inblandning och domänkunskap är fortfarande avgörande.

Datamängden är också av avgörande betydelse. För många maskininlärningsmodeller, särskilt djupa neurala nätverk, krävs stora datamängder för att optimera modellens parametrar och fånga de underliggande mönstren i data. Stora datamängder gör det möjligt för modellen att känna igen subtila och komplexa relationer, vilket leder till bättre och mer exakta förutsägelser. Ett stort dataset bidrar också till att minska risken för överanpassning eftersom modellen kan träna på en större mängd olika exempel i stället för att hålla fast vid specifika detaljer i träningsdatasetet.

Mängden data måste dock ses i relation till dess kvalitet. En stor mängd irrelevanta data eller data av låg kvalitet kan göra modellen förvirrad och avsevärt öka träningstiden utan att förbättra prestandan. Därför är det viktigt att se till att de data som samlas in är både rikliga och av hög kvalitet. Denna balansgång kräver noggrant dataval och datainsamling, kritisk utvärdering av datakällor och att endast data som är relevanta och användbara för den specifika applikationen inkluderas.

En annan viktig aspekt är hur representativa uppgifterna är. Data måste återspegla mångfalden och komplexiteten i den verkliga världen för att säkerställa att modellen kan generaliseras till en mängd olika situationer. Om träningsdatan inte är representativ kan modellen utveckla fördomar och prestera dåligt på nya, okända data. En modell för ansiktsigenkänning som främst har tränats med bilder av personer med en viss etnisk tillhörighet kan till exempel fungera dåligt när den ska känna igen ansikten från personer med andra etniska tillhörigheter. För att undvika sådana snedvridningar måste datan täcka olika och varierande funktioner och scenarier.

Uppgifternas relevans och kvalitet är också av stor betydelse när det gäller etiska och sociala aspekter. Partisk data kan leda till orättvisa och diskriminerande resultat som missgynnar vissa grupper. Det är därför viktigt att utbildningsdata noggrant granskas och revideras för att säkerställa att de är rättvisa och representativa. Skyddet av personuppgifter och efterlevnaden av dataskyddsbestämmelser är också av yttersta vikt, särskilt inom områden som hälso- och sjukvård och finans där känslig information behandlas.

Att kontinuerligt uppdatera och förbättra kvaliteten och kvantiteten på data är också avgörande. Världen förändras ständigt och nya data måste regelbundet införlivas i modellutbildningen för att säkerställa att modellens förutsägelser och beslut förblir relevanta och aktuella. Detta kräver ett dynamiskt tillvägagångssätt där modellen kontinuerligt uppdateras och förbättras med nya data. Onlineinlärning och inkrementell inlärning är tekniker som gör det möjligt för modellen att kontinuerligt lära sig av nya data utan att behöva träna om hela modellen från grunden.

Datans inverkan på AI-utvecklingen

Data är därför en central del av AI-utvecklingen och har en betydande inverkan på AI-modellernas prestanda, noggrannhet och användningsområden. Datans kvalitet, kvantitet, mångfald och representativitet avgör hur väl en modell tränas, vilka mönster den känner igen och hur tillförlitliga dess förutsägelser och beslut är.

Datakvaliteten spelar en central roll enligt beskrivningen ovan. Data av hög kvalitet är exakta, konsekventa och fria från fel eller brus. Sådana data gör det möjligt för modellen att lära sig tydliga och korrekta mönster, vilket leder till tillförlitliga förutsägelser. Om data däremot är bristfälliga eller ofullständiga kan modellen lära sig felaktiga mönster, vilket leder till felaktiga eller till och med skadliga förutsägelser. Processen med förbehandling av data, som innebär att data rensas och normaliseras, är därför av central betydelse. Denna process avlägsnar inkonsekvenser och ger data ett lämpligt format som är optimalt för modellträning.

Mängden data är också avgörande. Stora datamängder är nödvändiga för att träningsdatan ska återspegla komplexiteten och mångfalden i den verkliga världen. Särskilt för djupinlärning och komplexa modeller krävs stora datamängder för att effektivt träna modellens parametrar och känna igen subtila mönster. Stora datamängder bidrar också till att minska risken för överanpassning genom att modellen kan lära sig av en mängd olika exempel i stället för att hålla fast vid specifika detaljer i träningsdatan. Kvantiteten måste dock alltid ses i relation till kvaliteten, eftersom stora mängder irrelevanta eller undermåliga data kan påverka modellens prestanda.

Mångfalden i data är en annan kritisk faktor. En representativ och mångsidig datauppsättning säkerställer att modellen kan generaliseras till olika scenarier och fungera väl i olika verkliga tillämpningar. Data som omfattar olika demografiska egenskaper, geografiska regioner, tidsperioder och andra relevanta variabler bidrar till att undvika partiskhet och snedvridning. Om vissa grupper eller egenskaper är över- eller underrepresenterade i träningsdata kan modellen utveckla systematiska fel som leder till orättvisa eller diskriminerande resultat. Att säkerställa att data är mångsidiga och representativa är därför avgörande för utvecklingen av rättvisa och balanserade AI-system.

Data har också stor betydelse för hur komplexa modellerna är och hur de väljs ut. Typen och strukturen på de data som finns tillgängliga avgör ofta vilka modellarkitekturer och inlärningsalgoritmer som är bäst lämpade. Till exempel kräver högdimensionella data, som bilder eller genetiska sekvenser, komplexa modeller som CNN (convolutional neural networks) eller djupt nästlade neurala nätverk för att effektivt extrahera och lära sig de relevanta funktionerna. Å andra sidan kan det räcka med enklare modeller som linjär regression eller beslutsträd om datastrukturen är mindre komplex. Datan påverkar alltså utvecklarnas beslut om modellarkitektur och de inlärningsalgoritmer som används.

Datans tidsmässiga aspekt påverkar också AI-utvecklingen. Data som samlas in under längre tidsperioder kan ge värdefull information om trender och tidsmönster. Sådana tidsberoende data är särskilt relevanta inom områden som ekonomi, klimat- och väderprognoser och epidemiologisk modellering. Modeller som tränas på sådana data måste kunna ta hänsyn till tidsberoenden och utveckling, vilket ofta kräver användning av specialiserade modellarkitekturer som RNN (Recurrent Neural

Networks) eller LSTM-nätverk (Long Short-Term Memory).

Data påverkar också hur snabbt och effektivt modeller kan utvecklas och tillhandahållas. Omfattande och välorganiserade dataset möjliggör effektivare utbildningsprocesser och snabbare utvecklingscykler. Om data är lättillgängliga och väldokumenterade kan utvecklarna skapa prototyper snabbare och förbättra modellerna iterativt. I många fall används tekniker som transfer learning, där förtränade modeller på stora datamängder används som utgångspunkt för att minska träningstiden och den datamängd som krävs.

Datans ursprung och etik är också viktiga faktorer som påverkar AI-utvecklingen. Datakällan och det sätt på vilket den samlats in påverkar modellernas kvalitet och tillförlitlighet. Data som kommer från pålitliga och etiskt invändningsfria källor bidrar till att stärka förtroendet för de AI-system som utvecklas. Samtidigt måste dataskydd och datasäkerhet garanteras, särskilt när det handlar om personlig eller känslig information. Efterlevnad av dataskyddsbestämmelser, t.ex. EU:s allmänna dataskyddsförordning (GDPR), är avgörande för att skydda de registrerades rättigheter och undvika juridiska risker.

Modellens komplexitet och dess effekter

Modellkomplexitet är en annan viktig fråga inom artificiell intelligens och maskininlärning, eftersom den påverkar AI-modellernas prestanda, generaliserbarhet och tolkningsbarhet. En komplex modell kan innehålla en mängd olika parametrar och djupt nästlade strukturer som gör att den kan fånga upp högdimensionella och icke-linjära relationer i data. Denna förmåga är särskilt värdefull inom tillämpningsområden som bild- och taligenkänning, bearbetning av naturligt språk och förutsägelse av komplexa mönster i stora datamängder.

En högre modellkomplexitet gör det möjligt för ett AI-system att känna igen finare och mer detaljerade mönster i data. Detta är särskilt användbart i situationer där de underliggande relationerna mellan variabler är komplexa och icke-linjära. Genom att använda flera lager av neuroner i djupa neurala nätverk kan en komplex modell extrahera abstrakta egenskaper från rådata och omvandla dessa egenskaper till alltmer abstrakta representationer. Ett djupt neuronnät kan t.ex. känna igen enkla kanter och texturer i en bild i de lägre lagren och identifiera komplexa objekt som ansikten eller fordon i de högre lagren.

Förmågan att lära sig komplexa mönster medför emellertid också den tidigare nämnda risken för överanpassning. En överanpassad modell kan fungera utmärkt på träningsdata men fungera dåligt på nya, okända data eftersom den inte kan överföra de specifika detaljerna i träningsdata till allmänna fall.

Modellens komplexitet har också en inverkan på utbildnings- och beräkningstiden. Mer komplexa modeller kräver mer datorresurser och längre träningstid för att hitta de optimala parametrarna. Detta kräver kraftfull hårdvara, t.ex. GPU:er eller TPU:er, och kan göra utvecklingen och implementeringen av AI-modeller tidskrävande och kostsam. Dessutom kräver träning av komplexa modeller stora mängder data för att säkerställa att modellen har tillräckligt med exempel för att lära sig de underliggande mönstren. Detta kan vara en utmaning när det är svårt att få tag på representativa data av hög kvalitet.

En modells generaliserbarhet, dvs. dess förmåga att överföras till nya, okända data, påverkas också av modellens komplexitet. En alltför enkel modell kan inte fullt ut fånga komplexiteten i data och leder till underanpassning, där modellen inte kan lära sig de relevanta mönstren i data. En modell som är för komplex kan å andra sidan vara överanpassad och försämra förmågan att generalisera. Det gäller att hitta rätt balans mellan komplexitet och enkelhet för att utveckla en modell som både beskriver träningsdata väl och är tillämpbar på nya data.

En annan viktig aspekt av modellernas komplexitet är deras tolkningsbarhet. Enkla modeller som linjära regressioner eller beslutsträd är lätta att tolka eftersom sambanden mellan ingångsvariablerna och utdata är tydliga och begripliga. Komplexa modeller, i synnerhet djupa neurala nätverk, kallas däremot ofta för black box-modeller eftersom deras interna beslutsprocesser är svåra att förstå. Detta kan vara problematiskt om modellens beslut är kritiska eller säkerhetsrelevanta, t.ex. inom medicin, rättsväsendet eller finanssektorn.

Forskning om AI-modellers förklarbarhet och transparens, även kallad Explainable AI (XAI), syftar till att bättre förstå de interna mekanismerna i komplexa modeller och göra dem begripliga.

AI-modellernas robusthet och tillförlitlighet är också nära kopplade till deras komplexitet. Komplexa modeller kan vara känsliga för små förändringar i indata som leder till stora förändringar i utdata. Detta är särskilt problematiskt i säkerhetskritiska tillämpningar där det krävs tillförlitliga och stabila förutsägelser. Tekniker som "adversarial training", där modellen tränas på specialdesignade indata som syftar till att förvirra den, kan bidra till att förbättra komplexa modellers robusthet.

Slutligen har komplexiteten i modellerna också etiska och sociala konsekvenser. Användningen av komplexa och svårbegripliga modeller i beslutsprocesser kan påverka användarnas och samhällets förtroende för AI-system. Det är viktigt att utvecklare och användare av AI-system beaktar hur komplexa modeller påverkar transparensen och rättvisan i besluten och vidtar åtgärder för att säkerställa att modellerna är etiskt försvarbara och socialt godtagbara.

Enkelhet kontra komplexitet

Spänningen mellan enkelhet och komplexitet i modellutvecklingen är naturligtvis en annan nyckelfråga inom artificiell intelligens och maskininlärning. Båda tillvägagångssätten har sina egna fördelar och nackdelar och har en betydande inverkan på AI-modellernas prestanda, generaliserbarhet, tolkningsbarhet och effektivitet. En djupare förståelse av detta spänningsfält är avgörande för utvecklingen av optimerade lösningar som uppfyller de specifika krav och utmaningar som finns inom olika tillämpningsområden.

Enkelhet i modellutvecklingen innebär vanligtvis att modellen har relativt få parametrar och en hanterbar struktur. Enkla modeller som linjära regressioner, beslutsträd eller logistiska regressioner är ofta lätta att förstå och tolka. De ger en tydlig inblick i sambanden mellan in- och utdatavariablerna och gör det möjligt att förstå modellens beslutsprocesser. Detta är särskilt viktigt inom områden där transparens och spårbarhet är avgörande, t.ex. inom medicin, rättsväsende eller finanssektorn. Enkla modeller är också snabbare att utbilda och implementera, kräver mindre dataresurser och är ofta mer robusta mot små förändringar i indata.

Men enkla modeller har också sina begränsningar. De kan ofta inte fullt ut fånga komplexiteten i data, särskilt om de underliggande relationerna mellan variablerna är icke-linjära eller mycket komplexa. I sådana fall kan en enkel modell leda till underanpassning, vilket innebär att modellen inte känner igen de relevanta mönstren i data och därför gör felaktiga förutsägelser. Detta är särskilt problematiskt i komplexa uppgifter som bildigenkänning, bearbetning av naturligt språk eller förutsägelse av marknadsrörelser, där data ofta är högdimensionella och mycket olinjära.

Komplexa modeller, som djupinlärning och neurala nätverk i flera lager, ger möjlighet att fånga upp högdimensionella och icke-linjära relationer i data. De kan extrahera abstrakta egenskaper från rådata och omvandla dessa egenskaper till alltmer komplexa representationer, vilket leder till mer exakta och kraftfulla förutsägelser. Detta är särskilt värdefullt inom tillämpningsområden som bild- och taligenkänning, bearbetning av naturligt språk och förutsägelse av komplexa mönster i stora datamängder. Tack vare sin förmåga att känna igen subtila och komplexa mönster kan komplexa modeller ge bättre resultat än enkla modeller, särskilt i datadrivna och dynamiska miljöer.

Den ökade modellkomplexiteten medför dock också utmaningar. Komplexa modeller är ofta mer benägna att överanpassas, vilket innebär att de lär sig träningsdata alltför exakt och även fångar upp brus och slumpmässighet i data. Detta kan leda till dålig generaliserbarhet eftersom modellen inte kan överföra de specifika detaljerna i träningsdata till allmänna fall. För att undvika överanpassning måste tekniker som regularisering, korsvalidering och användning av dropout-lager användas. Dessa tekniker ökar dock komplexiteten i träningsprocessen och kräver ytterligare beräkningsresurser och expertis.

Ett annat problem med komplexa modeller är att de är svårtolkade. Djupa neurala nätverk och andra komplexa modeller kallas ofta för black box-modeller, eftersom deras interna beslutsprocesser är svåra att förstå. Detta kan vara problematiskt om modellens beslut är kritiska eller säkerhetsrelevanta. Det pågår forskning om förklarbarhet och transparens i AI-modeller för att bättre förstå de interna mekanismerna i komplexa modeller och göra dem begripliga. Explainable AI (XAI) syftar till att utveckla modeller som inte bara är effektiva, utan också transparenta och begripliga.

Valet mellan enkelhet och komplexitet är ofta en avvägning som beror på de specifika kraven och målen för tilllämpningsområdet. I många fall kan en hybridmetod som kombinerar delar av båda metoderna ge de bästa resultaten. En enkel modell kan t.ex. användas som utgångspunkt för att identifiera grundläggande mönster och göra en första bedömning. En mer komplex modell kan sedan användas för att utföra djupare och mer detaljerade analyser och göra mer exakta förutsägelser.

Datans komplexitet och tillgången till datorresurser är också viktiga faktorer som påverkar valet mellan enkelhet och komplexitet. För högdimensionella och komplexa data, t.ex. bilder, videor eller genetiska sekvenser, är komplexa modeller ofta nödvändiga för att effektivt extrahera och lära sig de relevanta funktionerna. För mindre komplexa data eller i scenarier med begränsade beräkningsresurser kan en enklare modell vara det bättre valet eftersom den är snabbare att träna och implementera och ofta är tillräcklig för att leverera användbara resultat.

De etiska och sociala konsekvenserna av modellernas komplexitet får inte heller förbises. Komplexa modeller kan vara svåra att förstå och kontrollera, vilket kan påverka användarnas och samhällets förtroende för AI-system. Det är viktigt att utvecklare och användare av AI-system beaktar hur komplexa modeller påverkar transparensen och rättvisan i besluten och vidtar åtgärder för att säkerställa att modellerna är etiskt och socialt acceptabla.

Överanpassning och underanpassning

Överanpassning och underanpassning är två grundläggande problem som kan uppstå vid modellutveckling inom maskininlärning, vilket redan har beskrivits. De påverkar en modells förmåga att känna igen mönster i data och generalisera dem till nya, okända data. En förståelse för dessa fenomen är avgörande för att kunna utveckla modeller som fungerar bra på både träningsdata och nya data.

Överanpassning inträffar när en modell lär sig träningsdata alltför exakt och även fångar upp brus och slumpmässighet i data. Detta leder till att modellen uppnår mycket goda resultat på träningsdata men presterar dåligt på nya, okända data eftersom den inte kan överföra de specifika detaljerna i träningsdata till allmänna fall. Överanpassning är särskilt problematiskt i komplexa modeller med många parametrar, t.ex. djupa neurala nätverk, som har hög flexibilitet och kan lära sig mycket specifika mönster. Olika tekniker används för att undvika överanpassning. Regularisering är en metod som lägger till ytterligare information för att tvinga modellen att lära sig enklare och mindre specifika mönster. Det finns olika typer av regularisering, t.ex. L1- och L2-regularisering, som lägger till straff för stora modellparametrar för att minska modellens komplexitet. Korsvalidering är en annan teknik där träningsuppsättningen delas upp i flera delar och modellen tränas och valideras flera gånger för att säkerställa att den generaliserar väl. Dropout, en teknik som används i neurala nätverk, inaktiverar slumpmässigt ett antal neuroner under träningen för att minska modellens beroende av specifika neuroner och öka robustheten.

Underanpassning uppstår när en modell inte lär sig de underliggande mönstren i träningsdata tillräckligt bra. Detta resulterar i att modellen presterar dåligt på både träningsdata och nya data. Underfitting uppstår ofta när modellen är för enkel och inte har tillräcklig kapacitet för att fånga komplexiteten i data. Detta kan hända om modellen har för få parametrar eller om den algoritm som används inte är tillräckligt komplex för att lära sig de underliggande sambanden i data. Ett enkelt exempel är linjär regression, som inte klarar av att fånga upp icke-linjära samband. För att undvika underanpassning måste modellen göras mer komplex. Detta kan göras genom att använda mer komplexa algoritmer, lägga till fler parametrar eller lager i neurala nätverk eller genom att tillhandahålla ytterligare och relevanta funktioner som modellen kan lära sig.

Balansen mellan överanpassning och underanpassning är avgörande för utvecklingen av en bra generaliserande modell. En väl generaliserande modell kan lära sig de underliggande mönstren i träningsdata och tillämpa dessa mönster på nya data. Detta kräver noggrant urval och konfiguration av modellen, inklusive val av rätt modellarkitektur, rätt mängd träningsdata och rätt tekniker för att undvika överanpassning och underanpassning.

En annan viktig aspekt för att undvika överanpassning och underanpassning är urvalet och förbehandlingen av data. Representativa och mångsidiga träningsdata av hög kvalitet är avgörande för utvecklingen av en bra generaliserande modell. Förbehandling av data, inklusive rengöring, normalisering och omvandling av data, spelar en viktig roll för att säkerställa att modellen lär sig relevanta och användbara mönster.

Storleken på träningsdatasetet är också viktig. Stora datamängder bidrar till att minska effekterna av brus och förbättrar modellens generaliseringsförmåga. Om det finns begränsat med data kan man dock använda tekniker som dataförstärkning för att på konstgjord väg generera ytterligare träningsdata. Data Augmentation innebär att nya datapunkter skapas genom transformationer som rotation, skalning eller förvrängning av befintliga data, vilket är särskilt användbart inom bildbehandling.

Det är också viktigt att välja rätt mått för att utvärdera modellens prestanda. Det är viktigt att inte bara utvärdera prestandan på träningsdata, utan också prestandan på en separat uppsättning testdata som inte användes under träningsprocessen. Detta bidrar till att säkerställa att modellen har generaliserats väl och inte bara lärt sig de specifika detaljerna i träningsdata. Mätvärden som noggrannhet, precision, återkallande och F1-poäng kan användas för att utvärdera modellens prestanda på ett heltäckande sätt.

Fenomenet "psykoser" inom AI

Beskrivning av felaktigt beteende i AI-system

Fenomenet "psykos" inom artificiell intelligens syftar metaforiskt på situationer där AI-system uppvisar ett beteende som verkar oförutsägbart, irrationellt eller ologiskt.

Denna typ av felaktigt beteende kan orsakas av en rad olika faktorer, t.ex. felaktig databehandling, algoritmiska problem eller tekniska fel. Sådana avvikelser gör att AI:n producerar resultat eller handlingar som avviker kraftigt från användarens förväntningar. Även om AI-system inte har något medvetande eller känslomässiga tillstånd och därför inte kan vara psykotiska i medicinsk mening, ger metaforen ett levande sätt att beskriva hur och varför AI-system ibland ger oförutsägbara och irrationella resultat.

Felaktigt beteende i AI-system kan definieras som alla typer av svar eller resultat som avviker från de avsedda eller förväntade funktionerna och som är potentiellt skadliga eller förvirrande. Dessa avvikelser kan uppstå på många olika sätt, till exempel genom ologiska svar, oförutsägbara handlingar eller felaktigt beslutsfattande.

Exempel på oväntat eller felaktigt beteende

Förutfattade beslut (bias)

Oväntat eller felaktigt beteende i system med artificiell intelligens kan yttra sig på många olika sätt och har långtgående konsekvenser, särskilt när det gäller partiska beslut eller partiskhet.

Ett klassiskt exempel på oväntat eller felaktigt beteende är röstassistenter som ger förvirrande eller ologiska svar på enkla frågor. En användare kan be röstassistenten om väderprognosen och istället för en tydlig väderprognos kan assistenten svara med ett absurt eller osammanhängande uttalande. Detta beteende kan bero på problem i bearbetningen av naturligt språk, t.ex. missförstånd i tolkningen av användarens begäran eller fel i bearbetningen av kontextuell information. Sådana fel orsakas ofta av otillräckliga träningsdata som inte täcker alla möjliga variationer och nyanser i det mänskliga språket.

Ett annat exempel är beteendet hos autonoma fordon, som kan utföra oväntade eller farliga manövrer. Autonoma fordon förlitar sig på en mängd olika sensorer och algoritmer för att förstå sin omgivning och navigera säkert. Om ett fordon plötsligt byter fil eller tvärbromsar på grund av felaktiga sensordata eller felaktig tolkning av trafiksituationen kan det leda till farliga situationer. Sådana problem kan orsakas av otillräckliga eller förvrängda träningsdata som inte på ett adekvat sätt representerar vissa trafiksituationer, eller av fel i de algoritmer som används för bearbetning och beslutsfattande.

Inom medicinsk diagnostik kan AI-system också uppvisa oväntade eller felaktiga beteenden om de ställer felaktiga diagnoser eller föreslår felaktiga behandlingsplaner. Ett AI-system som tränas på bilddata för att upptäcka sjukdomar som cancer kan ge falska positiva eller falska negativa resultat på grund av otillräcklig eller partisk träningsdata. Detta får inte bara medicinska konsekvenser utan även etiska och rättsliga konsekvenser, eftersom patienter kan få onödig behandling eller nekas nödvändig behandling. Kvaliteten och variationen på träningsdata är avgörande för att säkerställa att modellen kan känna igen och diagnostisera relevanta mönster på ett korrekt sätt.

Ett annat exempel är utlåning, där AI-system används för att bedöma kreditvärdigheten hos sökande. Om utbildningsdata innehåller historiska snedvridningar, t.ex. en systematisk nackdel för vissa sociala eller etniska grupper, kan AI-systemet ta till sig dessa snedvridningar och reproducera dem i sina beslut. Detta leder till en ojämlik behandling av de sökande, där vissa grupper systematiskt får lägre kreditvärdighet. En sådan snedvridning kan få betydande ekonomiska och sociala konsekvenser och undergräva förtroendet för att AI-system är rättvisa.

Inom straffrätten kan t.ex. AI-system som används för att förutse sannolikheten för att gärningsmän återfaller i brott också fatta felaktiga eller partiska beslut. Om träningsdata innehåller fördomar, t.ex. högre återfallsfrekvens för vissa etniska grupper på grund av historisk diskriminering, kan AI-systemet anta och förstärka dessa fördomar. Detta leder till orättvisa och diskriminerande beslut som kan ha en betydande inverkan på de berörda personernas liv. Sådana system måste därför utvecklas, övervakas och granskas noggrant för att säkerställa att de är rättvisa och skäliga.

Orsaken till många av dessa problem ligger ofta i träningsdata, som inte bara kan vara felaktiga eller otillräckliga utan också kan innehålla systematiska fördomar och snedvridningar. Dessa fördomar kan vara medvetna eller omedvetna i datan och antas och förstärks av AI-systemet. Ett exempel på detta är rekrytering, där AI-system använder historiska data för att bedöma de sökandes lämplighet. Om de historiska uppgifterna innehåller en fördom mot vissa kön, etniciteter eller åldersgrupper kan AI-systemet anta denna fördom och systematiskt missgynna vissa grupper av sökande.

Algoritmiska problem kan också leda till oväntade eller felaktiga beteenden. Komplexa algoritmer som används för djupinlärning och neurala nätverk kan ha oväntade interaktioner mellan de olika lagren och neuronerna, vilket leder till oförutsägbara resultat. Dessa problem är ofta svåra att diagnostisera och åtgärda eftersom de interna beslutsprocesserna i sådana modeller är komplexa och ogenomskinliga. Detta innebär en utmaning för AI-modellernas tolkningsbarhet och förklarbarhet, vilket är särskilt viktigt i säkerhetskritiska och etiskt känsliga tillämpningar.

Tekniska fel som hårdvarufel, programvarufel eller nätverksproblem kan också leda till oväntat eller felaktigt beteende. Ett hårdvarufel i GPU:n som utför beräkningarna eller en mjukvarubugg i databehandlingsrutinen kan leda till att systemet levererar felaktiga eller ologiska resultat. Sådana tekniska problem kräver robusta mekanismer för feldetektering och felkorrigering för att säkerställa AI-systemets tillförlitlighet och stabilitet.

Missuppfattningar och hallucinationer

Feltolkningar och hallucinationer i system med artificiell intelligens är fenomen där AI:n levererar resultat som kraftigt avviker från den förväntade verkligheten.

Feltolkningar uppstår när ett AI-system analyserar indata på ett felaktigt sätt och därför drar felaktiga slutsatser. Ett exempel på detta är bildbehandling, där ett AI-system felaktigt identifierar ett objekt i en bild som ett annat objekt. En självkörande bil skulle t.ex. kunna tolka en skugga på vägen som ett hinder och tvärbromsa trots att det inte finns något verkligt hinder. Sådana feltolkningar kan bero på felaktig eller otillräcklig träningsdata som inte har förberett systemet tillräckligt för olika scenarier. Algoritmiska svagheter eller begränsningar i behandlingen av sensordata kan också bidra till sådana feltolkningar.

Hallucinationer i AI-system avser generering av innehåll eller resultat som inte har någon grund i indata. Dessa fenomen är särskilt vanliga i generativa modeller, t.ex. sådana som används för att skapa text, bilder eller annat kreativt innehåll.

Ett välkänt exempel är generativa adversariala nätverk, som kan generera realistiskt utseende bilder. Men om sådana modeller fungerar felaktigt kan de producera bilder som är surrealistiska eller bisarra och innehåller funktioner som inte förekommer i verkligheten. En textgenereringsmodell kan svara på en enkel inmatning genom att producera osammanhängande eller absurt lång text som inte är meningsfull.

Det finns många orsaker till feltolkningar och hallucinationer. En vanlig orsak är kvaliteten på och variationen i träningsdata. Algoritmiska problem spelar också en viktig roll i utvecklingen av dessa fenomen. Komplexa modeller som t.ex. djupa neurala nätverk har många parametrar och lager som interagerar med varandra. Om dessa modeller inte är korrekt konfigurerade eller optimerade kan de få oväntade interaktioner som leder till felaktiga resultat. Ett djupt neuralt nätverk som används för bildbehandling kan t.ex. producera märkliga artefakter i de djupa lagren baserat på alltför komplexa eller missförstådda mönster.

Tekniska fel, t.ex. hårdvarufel, mjukvarubuggar eller nätverksproblem, kan också leda till feltolkningar och hallucinationer. En defekt sensor i ett autonomt fordon kan ge felaktiga data som AI-systemet tolkar felaktigt. En mjukvarubugg kan leda till att en textgenereringsmodell producerar osammanhängande eller meningslösa texter. Sådana tekniska problem kräver robusta mekanismer för feldetektering och felkorrigering för att säkerställa AI-systemets tillförlitlighet och stabilitet.

Jämförelse med psykoser hos människor

Att jämföra AI-beteende med mänsklig psykos erbjuder ett intressant perspektiv för att bättre förstå hur artificiell intelligens fungerar och vilka utmaningar den medför. Även om det finns viktiga skillnader finns det också några anmärkningsvärda likheter som gör denna metafor både användbar och insiktsfull.

Psykoser hos människor kännetecknas av djupgående störningar i perception, tänkande och verklighet. Personer som lider av psykos kan uppleva hallucinationer (uppfattningar utan yttre stimuli) och vanföreställningar (falska föreställningar). Dessa symtom beror ofta på biokemiska obalanser eller strukturella avvikelser i hjärnan.

I jämförelse är felaktigt beteende i AI-system resultatet av felaktig databehandling, algoritmiska problem eller tekniska fel. Trots de grundläggande skillnaderna i de två fenomenens ursprung och natur finns det intressanta paralleller som kan förklara och illustrera denna metafor.

En av de mest anmärkningsvärda likheterna mellan mänsklig psykos och AI-beteende är förlusten av verklighetsanknytning. Hos personer med psykos kan verklighetsuppfattningen vara kraftigt förvrängd, vilket leder till hallucinationer och vanföreställningar.

På samma sätt kan felaktig databehandling eller algoritmiska problem leda till att en AI levererar resultat som avviker kraftigt från verkligheten. En bildklassificeringsalgoritm kan t.ex. identifiera en bild av ett äpple som en hund, vilket är liktydigt med en slags "hallucination", eftersom AI:n ser ett objekt som inte existerar.

En annan jämförelsepunkt är beteendets oförutsägbarhet och irrationalitet. I en mänsklig psykos är handlingar och tankar ofta oförutsägbara och ologiska, på samma sätt som en AI som reagerar på vissa indata med osammanhängande eller obegripliga resultat. En röstassistent kan svara på en enkel fråga om vädret med ett förvirrande svar om filosofiska begrepp, vilket för användaren framstår som lika oförutsägbart och irrationellt som beteendet hos en person med psykos.

Trots dessa paralleller finns det naturligtvis också betydande skillnader som måste beaktas. Psykoser hos människor är ett resultat av biologiska och psykologiska processer som är kopplade till medvetna uppfattningar, känslor och individuella erfarenheter. AI-system är däremot rent mekanistiska och datadrivna, utan medvetande eller känslor. Deras "felbeteenden" beror på felaktiga algoritmer, otillräckliga data eller tekniska fel och har ingen subjektiv upplevelse eller avsiktlighet.

Orsakerna till maladaptivt beteende varierar också. Vid psykoser hos människor spelar biokemiska obalanser, genetiska anlag och miljöfaktorer en roll. I AI-system är det ofta kvaliteten på och representativiteten hos träningsdata samt algoritmernas noggrannhet och robusthet som påverkar beteendet. En AI-modell kan fatta partiska beslut om den tränas på data som innehåller systematiska fel. Sådana fördomar kan leda till att modellen fattar diskriminerande eller orättvisa beslut, vilket kan liknas vid en psykotisk persons vanföreställningar som bygger på falska föreställningar.

Lösningen och behandlingen av dessa problem skiljer sig också åt. Psykoser hos människor kräver ofta medicinska insatser, såsom psykoterapi och medicinering, för att återställa den biokemiska balansen i hjärnan och lindra de psykologiska symtomen. Ofta är detta inte alls framgångsrikt.

I AI-system kräver felaktigt beteende åtgärder som att rensa upp och förbättra datakvaliteten, optimera algoritmer och införa robusta övervaknings- och underhållsmekanismer. Medan psykoser hos människor kräver en djup förståelse av individen och den biokemiska bakgrunden, kräver korrigering av felaktigt AI-beteende teknisk expertis och systematiska metoder för felsökning.

En annan skillnad ligger i lösningarnas skalbarhet. Psykoser hos människor måste behandlas individuellt, eftersom varje person har unika symtom och orsaker. Med AI-system kan systematiska förbättringar av datakvalitet och algoritmarkitektur potentiellt tillämpas på många applikationer och modeller samtidigt. En enda förbättrad modell eller korrigerad datapipeline kan användas i många olika sammanhang, vilket ökar lösningarnas effektivitet och ändamålsenlighet.

De etiska implikationerna är också en viktig särskiljande faktor. Vid behandling av psykoser hos människor ligger fokus på de drabbade personernas välbefinnande och autonomi, vilket kräver komplexa etiska överväganden. När det gäller AI-missbruk fokuserar de etiska frågorna på algoritmernas och systemens rättvisa, transparens och ansvarsskyldighet. Det är viktigt att se till att AI-system inte fattar diskriminerande eller oetiska beslut och att användarna förstår hur och varför vissa beslut fattas.

Man kan alltså säga att en jämförelse mellan AI-beteende och mänsklig psykos ger en levande metafor för att bättre förstå utmaningarna och riskerna med AI-system. Även om det finns viktiga skillnader i orsaker, karaktär och behandlingsmetoder, bidrar parallellerna till att illustrera de potentiella farorna och behovet av noggrann utveckling och övervakning av AI-system. En djup förståelse för dessa fenomen kan bidra till att utveckla mer robusta, tillförlitliga och etiska AI-lösningar som uppfyller samhällets förväntningar och krav.

Orsaker till "psykoser" inom AI

Felaktiga eller motsägelsefulla utbildningsdata

Orsakerna till "psykoser" inom artificiell intelligens kan vara många, men en av huvudorsakerna är felaktig eller motsägelsefull utbildningsdata.

Dessa dataproblem kan ha en betydande inverkan på AI-systemens beteende och leda till oförutsägbara eller irrationella resultat. Träningsdata utgör grunden för att AI-modeller ska lära sig att känna igen mönster och fatta beslut. Om dessa data inte är av hög kvalitet kan de resulterande modellerna bli felaktiga och opålitliga på motsvarande sätt.

Felaktiga utbildningsdata kan uppstå på olika sätt. En vanlig orsak är manuell inmatning av data, vilket kan leda till skrivfel, felaktiga poster eller ofullständiga dataset. I stora dataset som kommer från olika källor kan inkonsekvenser och fel gå obemärkta förbi och ha en negativ inverkan på modellens prestanda. Ett exempel skulle kunna vara en medicinsk diagnosdatauppsättning som innehåller felaktiga diagnoser eller ofullständig patientinformation på grund av manuella fel. När en AI-modell tränas på sådana data kan det resultera i felaktiga diagnoser eller behandlingsplaner, vilket kan få allvarliga konsekvenser för de berörda patienterna.

Inkonsekventa träningsdata uppstår när data innehåller inkonsekvent information som förvirrar modellen. Detta kan inträffa om data kommer från olika källor som använder olika standarder och format, eller om de har samlats in under en lång tidsperiod och återspeglar förändringar i de underliggande processerna eller systemen. En datauppsättning med kundrecensioner av produkter kan t.ex. innehålla både positiva och negativa recensioner av samma produkt utan att det tydligt framgår under vilka förhållanden recensionerna har gjorts. En AI-modell som tränas på sådana data kan ha svårt att ge ett konsekvent betyg och ge inkonsekventa eller motsägelsefulla rekommendationer.

En annan aspekt av felaktiga träningsdata är den bias som kan finnas i data. Dessa fördomar kan vara systematiska fel i data som orsakas av historiska ojämlikheter eller fördomar. När en AI-modell tränas på sådana förvrängda data kan den ärva dessa förvrängningar och reproducera dem i sina förutsägelser och beslut. Ett typiskt exempel är partiskheten i data från jobbansökningar, där historiska data återspeglar en systematisk nackdel för vissa grupper. Ett AI-system som tränas på sådana data skulle omedvetet kunna förstärka dessa nackdelar och systematiskt utesluta vissa grupper av sökande.

Kvaliteten på träningsdata kan också försämras på grund av otillräcklig representativitet. Om data inte återspeglar hela mångfalden i den verkliga världen kan modellen bara generaliseras i begränsad utsträckning. Det innebär att den fungerar bra på träningsdata men misslyckas på nya, okända data. Ett exempel är en algoritm för ansiktsigenkänning som främst har tränats med bilder av personer med en viss etnisk tillhörighet. En sådan modell kan ha svårt att korrekt känna igen ansikten av andra etniciteter, vilket leder till felaktiga eller diskriminerande resultat. Dessa problem kan få betydande samhälleliga och etiska konsekvenser, särskilt om AI-systemen används i säkerhetskritiska eller socialt känsliga tillämpningar.

Felaktiga eller motsägelsefulla träningsdata kan också bero på otillräcklig dataförberedelse och förbehandling. Processen för förbehandling av data omfattar steg som datarensning, normalisering och omvandling för att säkerställa att data är i en lämplig form för träning. Om dessa steg inte utförs noggrant kan felaktiga eller ofullständiga data införlivas i modellen och påverka dess prestanda. Om det t.ex. saknas värden i ett dataset på grund av felaktig utfyllnad kan det leda till felaktiga antaganden som vilseleder modellen.

Dessutom kan dynamiken i den verkliga världen leda till problem om träningsdata inte uppdateras regelbundet. Om en modell tränas på föråldrade data som inte återspeglar aktuella förhållanden kan den uppvisa ett felaktigt beteende när den konfronteras med nya, förändrade data. Detta är särskilt relevant inom snabbrörliga områden som finansmarknadsanalys eller modebranschen, där trender och förhållanden ständigt förändras. En AI-modell som inte regelbundet matas med uppdaterad data kan göra felaktiga förutsägelser som inte längre är relevanta eller korrekta.

Datakvalitet och mångfald

Kvaliteten och mångfalden på data spelar en central roll när det gäller att undvika "psykoser" i AI-system, vilket kan yttra sig i oförutsägbara, irrationella eller ologiska resultat. Om data är av dålig kvalitet eller inte tillräckligt diversifierad kan detta ha en djupgående inverkan på modellens förmåga att göra korrekta och tillförlitliga förutsägelser. Dessa problem kan uppstå på olika nivåer och deras effekter kan vara långtgående och komplexa.

Datakvalitet avser noggrannheten, konsekvensen, fullständigheten och relevansen hos de data som används för att träna AI-modeller. Data av hög kvalitet är korrekta och fria från fel eller inkonsekvenser. Om data däremot är felaktiga eller ofullständiga kan modellen lära sig felaktiga mönster och göra felaktiga förutsägelser.

Ett klassiskt exempel är medicinsk diagnostik, där ofullständiga eller felaktiga patientjournaler kan leda till felaktiga diagnoser. Inom finanssektorn kan felaktiga uppgifter leda till felaktiga investeringsbeslut, vilket kan resultera i betydande ekonomiska förluster.

En annan aspekt av datakvalitet är datakonsistensen. Om data kommer från olika källor och använder olika standarder eller format kan det uppstå inkonsekvenser som förvirrar modellen. Detta kan leda till att modellen fattar motsägelsefulla eller ologiska beslut. En modell för att förutsäga kundpreferenser kan till exempel ha svårt att leverera konsekventa resultat om de underliggande uppgifterna är formaterade på olika sätt eller delvis är ofullständiga. Dessa inkonsekvenser gör det svårt för modellen att känna igen tydliga mönster och göra korrekta förutsägelser.

Datakvaliteten påverkas också av snedvridningar eller fördomar som kan förekomma i data. Dessa snedvridningar kan bero på historiska ojämlikheter eller systematiska fel och antas och förstärks ofta av AI-modeller.

En rekryteringsalgoritm som baseras på historiska data kan t.ex. omedvetet reproducera befintliga köns- eller rasfördomar, vilket leder till orättvisa eller diskriminerande anställningsbeslut. Sådana fördomar är särskilt problematiska eftersom de är svåra att känna igen och korrigera, men de kan ha betydande sociala och etiska konsekvenser.

Förutom kvalitet spelar mångfalden av data en viktig roll för att undvika "psykoser" i AI-system. Datamångfald avser utbudet av data som täcker olika demografiska grupper, geografiska regioner, tidsperioder och andra relevanta variabler. Brist på mångfald i träningsdata kan leda till att modellen inte på ett adekvat sätt kan representera mångfalden i den verkliga världen. Detta leder till en dålig generaliseringsförmåga hos modellen, som måste kunna reagera på en mängd olika scenarier och förhållanden.

Ett exempel på behovet av mångfald i data är teknik för ansiktsigenkänning. Om träningsdata huvudsakligen består av bilder på personer med en viss etnisk tillhörighet kan modellen ha svårt att korrekt känna igen ansikten på personer med andra etniska tillhörigheter. Detta kan leda till en högre felfrekvens och diskriminerande resultat. Liknande problem uppstår vid taligenkänning när träningsdata inte innehåller olika accenter och dialekter. Modellen kan ha svårt att förstå talare med olika språkliga bakgrunder, vilket leder till en sämre användarupplevelse.

Kombinationen av dålig datakvalitet och otillräcklig datadiversitet kan leda till särskilt allvarliga missförhållanden i AI-system. Modeller som tränas på sådan data tenderar att lära sig felaktiga mönster och producera ologiska eller oförutsägbara resultat. Dessa "psykoser" i AI-system kan ta sig uttryck i form av hallucinationer, där modellen genererar innehåll eller resultat som inte har någon grund i indata. En textgenereringsmodell kan t.ex. svara på en enkel fråga genom att producera en osammanhängande eller absurt lång text som inte har någon mening. Sådana resultat är inte bara förvirrande, utan kan också undergräva användarnas förtroende för AI-tekniken.

Överanpassning och modellkomplexitet

Överanpassning och modellkomplexitet är två närbesläktade begrepp inom maskininlärning som har stor betydelse för AI-modellernas prestanda och generaliserbarhet.

Överanpassning inträffar när en modell lär sig träningsdata för exakt, inklusive brus och slumpmässighet, vilket resulterar i dålig prestanda på nya, okända data.

Modellens komplexitet spelar en central roll här, eftersom mer komplexa modeller har större kapacitet att fånga detaljerna i träningsdata, vilket har både fördelar och nackdelar.

En modell sägs vara överanpassad om den lär sig de specifika mönstren och slumpmässigheten i träningsdata så bra att den inte längre kan generalisera till nya data. Detta innebär att modellen inte bara känner igen de underliggande, relevanta mönstren i data, utan också bruset och de speciella egenskaperna hos träningsdata. Detta leder till att modellen kan prestera mycket bra på träningsdata, men när den valideras eller tillämpas på nya data presterar den betydligt sämre. Detta är särskilt problematiskt eftersom målet med maskininlärning är att utveckla modeller som generaliserar väl på nya, okända data.

Med modellens komplexitet avses antalet parametrar och modellens struktur. En enkel modell har färre parametrar och en enklare struktur, medan en komplex modell kan ha många parametrar och en djupt nästlad struktur. Djupa neurala nätverk är ett exempel på mycket komplexa modeller som kan fånga upp högdimensionella och icke-linjära relationer i data. Även om sådana modeller har potential att bli mycket kraftfulla är de också mer benägna att överanpassa eftersom de har tillräcklig kapacitet för att lära sig träningsdata nästan perfekt, inklusive brus och slumpmässighet.

Den främsta orsaken till överanpassning är att modellen är alltför flexibel och har för hög kapacitet i förhållande till mängden och kvaliteten på tillgängliga träningsdata. Om en modell har för många parametrar i förhållande till antalet datapunkter kan den lära sig träningsdatan alltför exakt. Detta leder till att modellen inte kan skilja mellan relevanta mönster och slumpmässigt brus. Ett exempel på detta skulle kunna vara ett djupt neuralt nätverk som tränas med ett relativt litet antal datapunkter. Nätverket kan anpassa datapunkterna så väl att det kan förutsäga träningsdatan perfekt, men det kommer att fungera dåligt med ny data eftersom det har lärt sig bruset i träningsdatan.

Det finns flera tekniker för att undvika överanpassning och kontrollera modellens komplexitet. En vanlig metod är regularisering, som innebär att ytterligare begränsningar eller straff införs för modellparametrarna för att begränsa deras värden och därmed minska modellens komplexitet. Vanliga regulariseringstekniker är L1- och L2-regularisering, som bidrar till att hålla modellparametrarna mindre och mer förenklade, vilket minskar risken för överanpassning.

Ett annat viktigt verktyg för att undvika överanpassning är korsvalidering. Vid korsvalidering delas träningsuppsättningen in i flera delar och modellen tränas och valideras flera gånger genom att en del i taget används som valideringsuppsättning och de återstående delarna som träningsuppsättning. Detta bidrar till att bättre bedöma och förbättra modellens generaliseringsförmåga när modellen testas på olika delmängder av data. Det ger en mer robust uppskattning av modellens prestanda och bidrar till att minska risken för överanpassning.

Dropout är en specifik teknik som används i djupa neurala nätverk för att förhindra överanpassning. Vid dropout inaktiveras slumpmässigt utvalda neuroner under träningen, vilket förhindrar att modellen blir alltför beroende av vissa vägar och kopplingar. Detta tvingar modellen att lära sig mer redundanta och robusta funktioner som generaliserar bättre. Dropout minskar modellens beroende av specifika neuroner och kopplingar och bidrar till att förbättra generaliseringsförmågan.

Att välja rätt modellkomplexitet är en balansgång mellan underanpassning och överanpassning. Underanpassning inträffar när modellen är för enkel och inte har förmågan att fånga de underliggande mönstren i data. Detta leder till dålig prestanda på både träningsdata och nya data. En modell som är för enkel kan inte fånga komplexiteten i data och ger därför felaktiga förutsägelser. Det är viktigt att välja en modell som är tillräckligt komplex för att fånga de relevanta mönstren i data, men inte så komplex att den lär sig bruset och slumpmässigheten i träningsdata.

En god förståelse av data och det underliggande problemet är avgörande för att välja rätt modellkomplexitet och undvika överanpassning. Det är viktigt att analysera data grundligt för att förstå dess struktur och egenskaper och sedan välja en modell som matchar denna struktur. Dessutom bör tekniker som regularisering, korsvalidering och bortfall användas för att kontrollera modellens komplexitet och minska risken för överanpassning.

I praktiken kräver detta ofta iterativa experiment och finjusteringar. Utvecklare måste testa olika modellarkitekturer och hyperparameterkombinationer för att hitta den bästa balansen mellan komplexitet och generaliserbarhet. Detta inkluderar testning och validering av modeller på separata datamängder för att säkerställa att de generaliseras väl till nya, okända data. Noggrann planering, kontinuerlig övervakning och justering av modeller kan minimera risken för överanpassning och maximera generaliseringsförmågan.

Databias och dess effekter

Olika typer av fördomar (kulturella, demografiska)

Data bias är ett annat kritiskt problem inom artificiell intelligens som kan ha en djupgående inverkan på AI-systemens prestanda och rättvisa. Dessa fördomar uppstår när de data som används för att träna en modell inte är representativa för den verkliga världens mångfald och komplexitet. Sådana fördomar kan leda till att AI-system ger oförutsägbara eller ologiska resultat, vilket ofta beskrivs som AI-"psykos". Olika typer av fördomar, bland annat kulturella och demografiska fördomar, bidrar till dessa problem och har olika effekter.

Kulturell partiskhet uppstår när utbildningsdata är kulturellt partisk och därför gynnar vissa kulturella normer, värderingar eller metoder. Detta kan leda till att AI-system systematiskt missgynnar eller missförstår vissa kulturella grupper. Ett exempel på kulturell partiskhet kan vara en språkmodell som främst har tränats med data från en viss språkkultur och som har svårt att korrekt tolka språkvarianter eller slang från andra kulturer. Detta kan leda till missförstånd, felaktiga översättningar eller olämpliga svar som missgynnar eller irriterar användare från underrepresenterade kulturer.

Demografisk bias uppstår å andra sidan när träningsdata är demografiskt biased och vissa befolkningsgrupper är överrepresenterade eller underrepresenterade. Detta kan leda till att AI-system fattar beslut som systematiskt missgynnar vissa demografiska grupper. Ett klassiskt exempel på demografisk bias är ansiktsigenkänningsteknik. Om en modell främst tränas med bilder av personer från en viss etnisk grupp eller åldersgrupp kan den ha svårt att korrekt känna igen ansikten från personer från andra etniska grupper eller åldersgrupper. Detta leder till högre felfrekvenser och potentiellt diskriminerande resultat som kan leda till betydande nackdelar för de berörda personerna.

Partiskhet i data har en betydande inverkan på AI-systemens prestanda och rättvisa. Förvrängda data gör att modellen lär sig felaktiga eller inexakta mönster, vilket leder till felaktiga eller orättvisa förutsägelser och beslut. Detta kan få allvarliga konsekvenser inom många områden, från medicinsk diagnostik till utlåning och straffrätt. Inom medicinsk diagnostik kan en partisk modell missa eller feldiagnostisera vissa sjukdomar hos vissa befolkningsgrupper eftersom träningsdata inte representerar dessa grupper på ett adekvat sätt. När det gäller kreditgivning kan vissa demografiska grupper systematiskt få lägre kreditpoäng eftersom historiska data innehåller fördomar som modellen ärver och förstärker. Inom straffrätten kan vissa etniska grupper få högre sannolikhet för återfall i brott eftersom modellen bygger på partisk data som återspeglar historiska orättvisor.

Dessa fördomar leder inte bara till felaktiga eller orättvisa resultat, utan undergräver också användarnas förtroende för AI-system. När användarna inser att ett AI-system systematiskt fattar partiska eller diskriminerande beslut minskar förtroendet för tekniken och dess tillämpningar. Detta kan i hög grad påverka acceptansen för och framgången med AI-system och leda till juridiska och regulatoriska utmaningar.

Fallstudier av AI-system med problem med partiskhet

Bias i AI-system är ett utbrett problem som har en betydande inverkan på olika tillämpningar och branscher. Det finns flera väldokumenterade fallstudier som illustrerar de risker och utmaningar som kan uppstå till följd av partisk data och modeller. Dessa exempel visar hur partiskhet kan leda till diskriminerande och orättvisa resultat och understryker behovet av noggrann övervakning och korrigerande mekanismer i AI-utvecklingen.

Ett välkänt exempel är COMPAS-systemet (Correctional Offender Management Profiling for Alternative

Sanctions), som har använts i USA för att förutse brottslingars sannolikhet för återfall i brott. Forskning, i synnerhet en analys av ProPublica 2016, visade att COMPAS-systemet systematiskt förutspådde högre sannolikhet för återfall i brott för svarta tilltalade jämfört med vita tilltalade, även när de faktiska återfallsfrekvenserna var jämförbara. Denna skevhet berodde på att de underliggande uppgifterna återspeglade historiska skillnader och skevheter. Resultatet blev en orättvis behandling av minoriteter som gav upphov till allvarliga etiska och juridiska problem och undergrävde förtroendet för användningen av sådana system i det straffrättsliga systemet.

En annan fallstudie är Amazons system för ansiktsigenkänning, Rekognition, som används av flera brottsbekämpande myndigheter. Studier, bland annat från MIT Media Lab, visade att Rekognition hade betydande felprocent när det gällde att känna igen ansikten på kvinnor och mörkhyade personer. Dessa avvikelser tillskrevs fördomar i träningsdata, som huvudsakligen innehöll bilder av vita män. Sådana fördomar i system för ansiktsigenkänning kan leda till falska identifikationer och orättvis behandling, särskilt i säkerhetskritiska tillämpningar som brottsbekämpning.

Ett annat framträdande exempel är Amazons rekryteringsalgoritm, som utvecklades för att bedöma CV:n och identifiera lämpliga kandidater till lediga jobb. Det visade sig att algoritmen systematiskt missgynnade kvinnliga sökande. Detta berodde på att modellen tränades på historiska data som återspeglade en fördom mot män, eftersom teknikindustrin historiskt sett har varit mansdominerad. Algoritmen lärde sig att gynna vissa termer och erfarenheter som typiskt sett förknippas med manliga sökande, vilket resulterade i ett diskriminerande urval av kandidater. Amazon slutade så småningom att använda verktyget efter att fördomarna hade upptäckts.

Ett annat exempel på partiskhet i AI-system är Apple Cards kreditvärderingsalgoritm, som drivs av Goldman Sachs. Rapporter under 2019 visade att algoritmen systematiskt tilldelade kvinnor lägre kreditgränser än deras manliga motsvarigheter, även när de båda hade liknande finansiella profiler. Detta ledde till kontroverser bland allmänheten och en utredning av tillsynsmyndigheter. Förskjutningarna i kreditpoängen tillskrevs historisk data och modellering som innehöll könsförskjutningar och belyste de långtgående effekterna av förskjutningar inom finansiella tjänster.

Det finns också exempel på partiskhet i AI-system inom medicinsk diagnostik. Ett välkänt exempel är en algoritm som togs fram för att bedöma behovet av ytterligare undersökningar hos patienter med luftvägssjukdomar. Studier visade att modellen var mindre träffsäker för patienter med mörkare hudfärg eftersom träningsdata till övervägande del kom från patienter med ljusare hudfärg. Denna partiskhet ledde till ojämlik behandling och potentiellt sämre hälsoresultat för underrepresenterade grupper. Sådana exempel understryker behovet av diversifierade och representativa träningsdata för att kunna utveckla rättvisa och korrekta medicinska algoritmer.

En annan fallstudie rör språkmodeller som GPT-3, som utvecklats av OpenAI. Forskning har visat att modellen kan generera visst rasistiskt, sexistiskt och annat diskriminerande innehåll baserat på de data som den har tränats på. Dessa fördomar återspeglar de fördomar som finns i de stora textkorpusar som modellen lär sig från. De potentiella konsekvenserna är långtgående, eftersom sådana språkmodeller används i olika tillämpningar, från chatbottar till automatiserade verktyg för innehållsgenerering, och därmed riskerar att sprida och förstärka dessa fördomar.

Dessa fallstudier illustrerar de olika effekterna av partiskhet i AI-system. De visar att partiskhet i träningsdata och modeller kan leda till diskriminerande och orättvisa resultat som får långtgående etiska, juridiska och sociala konsekvenser. För att undvika och eliminera dessa problem krävs ett noggrant urval av data, regelbundna kontroller och validering samt utveckling och implementering av algoritmer för bias-korrigering. Dessutom är det viktigt med medvetandegörande och utbildning av utvecklare och beslutsfattare för att öka medvetenheten om de potentiella riskerna och effekterna av partiskhet och för att säkerställa att AI-system används på ett rättvist och ansvarsfullt sätt.

Känslighet för felaktiga inmatningar

AI-systemens känslighet för felaktiga indata är en annan viktig orsak till fenomenet "psykos" inom artificiell intelligens, där AI:ns beteende framstår som oförutsägbart, irrationellt eller ologiskt. Denna sårbarhet innebär att även mindre fel eller avvikelser i indata kan leda till att modellen ger felaktiga eller bisarra resultat. Denna sårbarhet är särskilt problematisk i säkerhetskritiska applikationer där exakta och tillförlitliga förutsägelser är avgörande.

Felaktiga inmatningar kan komma från olika källor. Till exempel kan sensorer som levererar data till AI-systemet vara defekta och generera felaktig eller förvrängd information. Detta är särskilt relevant inom områden som autonom fordonsteknik, där sensorer som kameror, lidar och radar kontinuerligt samlar in data om omgivningen. Ett litet fel i en av dessa sensorer, t.ex. en felaktig kalibrering eller en smutsig lins, kan leda till felaktiga uppfattningar. Ett autonomt fordon kan tolka en ofarlig skugga som ett hinder och bromsa in plötsligt, vilket kan leda till farliga situationer. Detta visar hur känsligt sådana system kan reagera på felaktiga indata.

Ett annat exempel är bildbehandling, där de minsta förändringarna i pixelvärdena kan påverka resultatet av en modell avsevärt. En modell för bildklassificering kan komma fram till felaktiga eller absurda förutsägelser på grund av brus eller små förändringar i bilden. Detta kan orsakas av olika faktorer, t.ex. komprimering av bilden, förändringar i belysningen eller slumpmässiga pixelstörningar. En bild av en hund kan plötsligt klassificeras som en katt bara för att bilden har ändrats något. Denna känslighet visar att modellen inte är tillräckligt robust för att hantera sådana variationer, vilket leder till oförutsägbara resultat.

Textbearbetande AI-system är också känsliga för felaktig inmatning. Ett litet skrivfel eller en ovanlig formulering kan leda till att modellen misstolkar sammanhanget eller innebörden av en text. En röstassistent kan svara på en felstavad eller ofullständig fråga med ett olämpligt eller meningslöst svar. Den här typen av feltolkningar kan vara särskilt frustrerande för användarna och undergräva förtroendet för tekniken.

Felaktiga indata kan också orsakas av illvilliga attacker, s.k. adversarial attacks. Det innebär att man avsiktligt gör små förändringar i indata för att lura modellen och få den att göra felaktiga förutsägelser. Exempelvis kan pixlar i en bild manipuleras så att modellen uppfattar en stoppskylt som en väjningspliktsskylt, vilket kan leda till potentiellt farliga situationer. Den här typen av angrepp visar hur lätt felaktiga indata kan undergräva en modells robusthet och tillförlitlighet.

Ett annat problem är att många modeller inte klarar av att hantera kontextuell information. En modell som inte kan ta hänsyn till sammanhanget i en inmatning kan lätt bli förvirrad av atypiska eller felaktiga data. Ett AI-system som analyserar medicinska data kan t.ex. tolka symtom och testresultat utan att ta hänsyn till det kliniska sammanhanget och därmed ställa felaktiga diagnoser. En medicinsk algoritm kan klassificera ett ovanligt men ofarligt symptom som en allvarlig sjukdom, helt enkelt för att indata inte är fullständig eller kontextuellt lämplig.

Effekterna av denna sårbarhet är långtgående. I säkerhetskritiska tillämpningar kan felaktiga indata leda till farliga situationer som äventyrar människors säkerhet. Inom medicinsk diagnostik kan de leda till felaktiga diagnoser och behandlingsplaner, vilket påverkar patienternas hälsa och välbefinnande. I finansiella tillämpningar kan felaktiga indata leda till felaktiga förutsägelser och investeringsbeslut, vilket kan orsaka betydande ekonomiska förluster. Dessa problem understryker behovet av att förbättra AI-systemens robusthet och tillförlitlighet.

Det krävs olika åtgärder för att minska känsligheten för felaktiga indata. Noggrann förbehandling av data är avgörande för att minimera brus och fel i indata. Detta omfattar tekniker som filtrering och normalisering av data samt implementering av algoritmer för feldetektering och felkorrigering. Det är också viktigt att utveckla och implementera robusta modeller som är mindre känsliga för små förändringar i indata. Detta omfattar tekniker som dataförstärkning, regularisering och användning av robusta modellarkitekturer som förbättrar generaliseringsförmågan.

Ett annat viktigt tillvägagångssätt är kontinuerlig övervakning och validering av modellerna under drift. Modellerna bör kontrolleras regelbundet för att säkerställa att de fungerar på ett robust och tillförlitligt sätt även under ändrade förhållanden och med nya data. Detta inkluderar implementering av mekanismer för att upptäcka och korrigera felaktigt beteende samt anpassning av modellerna till nya data och förhållanden.

Slutligen är utbildning och medvetandegörande av utvecklare och beslutsfattare av avgörande betydelse. Det är viktigt att alla intressenter förstår de potentiella riskerna med och effekterna av felaktiga indata och kan vidta lämpliga åtgärder för att förbättra modellernas robusthet och tillförlitlighet. Detta omfattar utbildning och riktlinjer för att utveckla robusta och tillförlitliga AI-system, samt inrättandet av tvärvetenskapliga team som bidrar med olika perspektiv och expertis.

Betydelsen av robusthet för tillförlitlighet

Robustheten hos ett AI-system är avgörande för dess tillförlitlighet och spelar en central roll för att undvika "psykos" inom AI. Robusthet är en modells förmåga att fungera stabilt och konsekvent under olika förhållanden, inklusive när den konfronteras med oväntade ingångar, brus eller andra störningar. Ett robust AI-system kan reagera effektivt på variationer i data och ge tillförlitliga resultat även under osäkra eller varierande förhållanden. Detta är särskilt viktigt för att säkerställa förtroendet för AI-system och stödja deras användning i kritiska applikationer.

Ett robust AI-system är mindre benäget att begå fel och kan göra mer tillförlitliga förutsägelser, även om indata är felaktiga eller ofullständiga. Detta är avgörande eftersom kvaliteten på indata kan variera i många verkliga tillämpningar. Sensorer kan ge felaktiga data, användare kan göra inmatningsfel och miljöförhållandena kan förändras. Ett robust system kan övervinna dessa utmaningar och ge stabil prestanda, vilket minimerar risken för felaktigt beteende och oförutsägbara resultat.

Vikten av robusthet är tydlig inom tekniken för självkörande fordon. Autonoma fordon är beroende av att kunna fatta exakta och tillförlitliga beslut i realtid för att kunna navigera säkert. En robust modell kan hantera små fel i sensordata, t.ex. förekomsten av skuggor, regn eller dimma, och ändå fatta korrekta beslut. Om en modell inte är robust kan den lätt rubbas av sådana störningar, vilket kan leda till farliga manövrar som plötsliga inbromsningar eller undanmanövrar. Detta utgör inte bara en fara för de personer som befinner sig i fordonet, utan även för andra trafikanter.

Ett annat exempel på vikten av robusthet är medicinsk diagnostik. Inom detta område måste AI-system ställa korrekta och tillförlitliga diagnoser, ofta baserade på olika och ibland ofullständiga medicinska data. En robust modell kan hantera varierande datakvalitet och ändå ge korrekta diagnoser. Om en modell inte är robust kan den ställa felaktiga diagnoser när den konfronteras med ofullständiga eller något felaktiga data. Detta kan få allvarliga konsekvenser för patienterna, bland annat i form av felaktiga behandlingar och fördröjda återhämtningsprocesser.

AI-systemens robusthet spelar också en avgörande roll inom finanssektorn. Finansmarknaderna är dynamiska och påverkas av många oförutsägbara faktorer. En robust modell kan göra stabila förutsägelser och fatta beslut under olika marknadsförhållanden, vilket är avgörande för att finansiella strategier ska bli framgångsrika och tillförlitliga. En icke-robust modell kan överväldigas av oväntade marknadsförändringar, vilket kan leda till betydande ekonomiska förluster.

AI-systemens robusthet är också avgörande för hur pålitliga och accepterade de blir. Om användarna vet att ett AI-system levererar tillförlitliga resultat även under varierande förhållanden ökar förtroendet för tekniken. Detta är särskilt viktigt i säkerhetskritiska tillämpningar, där konsekvenserna av felaktigt beteende kan bli allvarliga. Ett robust system signalerar till användarna att det fungerar tillförlitligt även i oväntade situationer, vilket främjar acceptans och förtroende för tekniken.

För att utveckla robusta AI-system krävs noggrann modellering och validering. Detta inkluderar användning av olika och representativa träningsdata som återspeglar mångfalden och komplexiteten i den verkliga världen. Genom att integrera tekniker för dataförstärkning kan modellerna göras mer robusta mot variationer i indata. Regulariseringstekniker bidrar till att kontrollera modellens komplexitet och undvika överanpassning, vilket förbättrar modellens generaliseringsförmåga.

En annan viktig aspekt av robusthet är den kontinuerliga övervakningen och underhållet av modellerna när de väl har tagits i bruk. De miljöer där AI-system används kan förändras över tid och nya data kan medföra nya utmaningar. Regelbundna uppdateringar och justeringar av modellerna är nödvändiga för att säkerställa att de fortsätter att fungera på ett robust och tillförlitligt sätt. Detta omfattar implementering av mekanismer för att upptäcka och korrigera felaktigt beteende samt anpassning av modellerna till nya data och förhållanden.

Robustheten kan också förbättras genom att använda ensembling-metoder, där flera modeller kombineras för att stabilisera den totala prestandan. Dessa metoder utnyttjar styrkorna hos olika modeller och minskar sannolikheten för att en enskild modell misslyckas på grund av variationer i data. Ensembling kan bidra till att öka tillförlitligheten och stabiliteten i prediktionerna och minska känsligheten för felaktiga indata.

Konsekvenser och risker med psykotisk AI

Effekter på beslut och system

En av de allvarligaste konsekvenserna av en "AI-psykos" är att förtroendet för tekniken försvinner. När AI-modeller fattar felaktiga beslut eller uppvisar partiskhet tappar användare och organisationer förtroendet för systemen. Detta kan leda till lägre acceptans och användning av AI-teknik och avsevärt försämra dess fördelar och effektivitet. En sådan misstro kan påverka alla områden där AI används, från medicin till finans och straffrätt.

Sociala ojämlikheter kan förstärkas av AI-systemens partiskhet. När algoritmer tränas på partisk data vidmakthåller de befintlig diskriminering och orättvisa. Liknande risker finns inom andra områden som personalfrågor, utlåning och hälso- och sjukvård, där partiska algoritmer kan påverka möjligheterna och livskvaliteten för missgynnade grupper negativt.

En annan utmaning med AI-system är bristen på transparens och ansvarsutkrävande. Många AI-modeller, särskilt de som bygger på djupinlärning, är komplexa och svåra att tolka. Modellernas karaktär av "svarta lådor" gör det svårt att förstå beslut och att fördela ansvar. Vid felaktiga beslut är det ofta svårt att avgöra vem som kan hållas ansvarig, vilket försvårar den juridiska och etiska kontrollen av tekniken avsevärt.

AI-psykoser kan dessutom utgöra direkta säkerhetsrisker. I säkerhetskritiska tillämpningar som autonom körning eller medicinsk diagnostik kan felaktiga beslut leda till fysiska skador eller till och med dödsfall. Detta understryker behovet av stränga säkerhets- och testprotokoll för AI-system för att säkerställa att de fungerar på ett tillförlitligt och säkert sätt i kritiska situationer.

AI-psykosens inverkan på företagens beslutsfattande är också betydande. Organisationer som använder AI för beslutsfattande måste ta hänsyn till riskerna med AI-psykos, eftersom dåliga beslut kan få betydande ekonomiska konsekvenser och konsekvenser för företagets anseende. Många företag investerar därför i robusta validerings- och övervakningsmekanismer för att säkerställa integriteten i sina AI-modeller och minimera risken för felaktiga beslut.

På det rättsliga och etiska planet har de utmaningar som AI-psykoser innebär redan lett till utvecklingen av striktare ramvillkor. Regeringar och internationella organisationer arbetar med riktlinjer för att säkerställa transparens, rättvisa och säkerhet i AI-system. Dessa åtgärder omfattar även krav på dokumentation och förklaring av AI:s beslutsprocesser för att säkerställa att systemen fungerar på ett spårbart och ansvarsfullt sätt.

Felaktiga beslut inom känsliga områden (t.ex. rättsväsende, medicin)

Felaktiga beslut inom känsliga områden som rättsväsende och medicin som orsakas av oberäkneliga fenomen inom artificiell intelligens är särskilt oroande. De så kallade AI-psykoserna - de felaktiga eller partiska beslut som fattas av AI-system - har potential att avsevärt undergräva förtroendet för dessa tekniker och få allvarliga konsekvenser för de berörda individerna och samhället som helhet.

Inom rättsväsendet kan användningen av AI-system för att förutse sannolikheten för återfall i brott eller för att hjälpa till att fatta beslut om att neka borgen och utdöma straff ha en djupgående inverkan. Algoritmer som tränas på historiska data återspeglar ofta de fördomar och orättvisor som finns i dessa data. Detta kan leda till att vissa befolkningsgrupper, särskilt minoriteter, systematiskt missgynnas. Om ett AI-system t.ex. anger en högre sannolikhet för medlemmar i vissa etniska grupper när det förutsäger sannolikheten för återfall i brott, baserat på historiska uppgifter om gripanden och fällande domar, vidmakthåller det befintliga ojämlikheter i det straffrättsliga systemet. Detta kan leda till hårdare domar och längre fängelsestraff för dessa grupper, vilket ytterligare ökar den sociala orättvisan och undergräver förtroendet för rättssystemet.

Inom det medicinska området kan felaktiga beslut som fattas av AI-system vara lika förödande. AI används i allt större utsträckning för att diagnostisera sjukdomar, förutse sjukdomsförlopp och hjälpa till med behandlingsbeslut. Men om de underliggande data som dessa system har tränats på innehåller felaktigheter kan de diagnoser och rekommendationer som blir resultatet bli lika felaktiga. Ett exempel skulle kunna vara ett AI-system som på grund av ofullständiga eller partiska data är mindre benäget att tolka vissa symtom hos kvinnor eller etniska minoriteter som indikatorer på allvarlig sjukdom. Detta kan leda till att allvarliga tillstånd förbises eller feldiagnostiseras, vilket resulterar i otillräcklig eller felaktig behandling. Hälsokonsekvenserna för patienterna kan vara allvarliga, inklusive förvärrad sjukdom eller till och med dödsfall om livräddande behandlingar inte ges i tid.

Dessa felaktiga beslut förvärras av att många AI-modeller är "svarta lådor". Algoritmernas komplexitet och ogenomskinlighet gör det ofta svårt att förstå skälen till vissa beslut. Inom rättsväsendet kan detta innebära att en tilltalad eller dennes försvar inte kan förstå varför en viss riskpoäng har lett till ett strängare straff. Inom medicinen kan det hända att läkare och patienter inte kan förstå varför en viss diagnos har ställts eller en viss behandling rekommenderats, vilket ytterligare undergräver förtroendet för hälso- och sjukvårdssystemet.

Dessutom innebär dessa felaktiga beslut etiska och juridiska utmaningar. Vem bär ansvaret om ett AI-stött beslut bevisligen är felaktigt och leder till en orättvis dom eller en felaktig medicinsk diagnos? Att fördela ansvaret blir särskilt svårt när beslutsfattandet baseras på komplexa algoritmer som utvecklats och implementerats av olika aktörer. Detta kräver noggranna överväganden av etiska principer och skapandet av tydliga regelverk för att säkerställa att AI-system är transparenta och ansvarsskyldiga.

Potentiell ekonomisk skada

Den potentiella ekonomiska skada som orsakas av felaktiga beslut och partiskhet kan också vara betydande.

En betydande risk är att felaktiga beslut som fattas av AI-system i företag kan leda till stora ekonomiska förluster. Om ett AI-system till exempel används inom finanssektorn för att fatta handelsbeslut kan felaktig analys eller bias i underliggande data leda till suboptimala investeringsbeslut. Detta kan leda till betydande ekonomiska förluster för företag och investerare. På samma sätt kan AI-drivna kreditvärderingsmodeller som innehåller partiskhet leda till felaktiga förutsägelser om uteblivna lån, vilket påverkar utlåningen och ökar risken för uteblivna lån.

Dessutom kan felaktiga beslut inom supply chain och logistikplanering som baseras på felaktiga AI-analyser orsaka betydande ekonomisk skada. Om ett AI-system gör felaktiga prognoser om efterfrågan eller leveranstider kan det leda till ineffektiv lagerhantering, överskottslager eller flaskhalsar i leveranserna. Detta påverkar inte bara direkt de berörda företagen, utan kan också leda till störningar i hela leveranskedjan, vilket påverkar den ekonomiska aktiviteten i olika branscher.

Bristen på transparens och förklarbarhet i många AI-modeller förvärrar dessa problem. Om företagen inte fullt ut förstår beslutsprocesserna i sina AI-system är de mindre kapabla att upptäcka och korrigera potentiella fel. Detta kan leda till en kedjereaktion av felaktiga beslut som har en negativ inverkan på den övergripande ekonomiska utvecklingen.

Rättsliga och regulatoriska konsekvenser kan också leda till betydande ekonomiska skador. Om företag bryter mot rättsliga bestämmelser eller etiska standarder på grund av felaktiga AI-beslut kan de drabbas av höga böter och skadeståndskrav. Detta är särskilt relevant i starkt reglerade branscher som finanssektorn, hälso- och sjukvården och dataskydd. Sådana rättsliga konsekvenser kan inte bara orsaka omedelbar ekonomisk skada, utan kan också orsaka bestående skada på ett företags rykte och undergräva förtroendet hos kunder och investerare.

Dessutom kan införandet av bristfälliga eller partiska AI-system leda till att konsumenterna förlorar förtroendet. Om kunderna känner sig orättvist behandlade av AI-beslut, oavsett om det gäller kreditbeslut, försäkringsanspråk eller personaliserade tjänster, kan det leda till kundflykt och minskad försäljning. Företagen måste därför se till att deras AI-system är rättvisa, transparenta och tillförlitliga för att vinna och behålla kundernas förtroende.

På lång sikt kan den ekonomiska skada som orsakas av "AI-psykosen" också påverka innovationskraften och konkurrenskraften hos företag och hela branscher. Om företag är ovilliga att använda eller vidareutveckla AI-teknik eftersom de är rädda för de potentiella riskerna kan detta hämma den tekniska utvecklingen och konkurrenskraften på global nivå. Detta är särskilt relevant i en tid då teknisk innovation är en drivkraft för ekonomisk tillväxt och utveckling.

Social acceptans av AI

Den sociala acceptansen av artificiell intelligens är en svår fråga som påverkas av olika faktorer. Till dessa hör förtroendet för tekniken, den upplevda rättvisan och etiken i tillämpningarna samt transparensen och förklaringen av beslutsprocesserna. För att främja acceptansen av AI i samhället måste dessa faktorer hanteras noggrant.

För det första spelar förtroende en avgörande roll. Den breda acceptansen av AI beror till stor del på hur pålitlig tekniken uppfattas vara. Förtroende skapas genom transparenta processer, begripliga beslutsvägar och tillförlitlig prestanda. När AI-system kan leverera konsekventa och korrekta resultat ökar användarnas förtroende. Detta är särskilt viktigt inom kritiska områden som sjukvård, rättsväsende och finans, där felaktiga beslut kan få allvarliga konsekvenser. Ett trovärdigt AI-system måste vara begripligt så att användarna kan förstå hur och varför vissa beslut fattas. Denna förklarbarhet bidrar till att stärka förtroendet och främja acceptans.

En annan viktig faktor är uppfattningen om hur rättvisa och etiska AI-tillämpningarna är. Den sociala acceptansen beror i hög grad på om människor tror att AI agerar rättvist och utan fördomar. Historiska fördomar och diskriminering som är inbäddade i träningsdata kan leda till partiska beslut som systematiskt missgynnar vissa grupper. Detta kan undergräva förtroendet för tekniken avsevärt. För att undvika detta måste utvecklarna se till att AI-systemen tränas på olika och representativa datamängder. Dessutom bör mekanismer för att identifiera och mildra fördomar implementeras för att säkerställa rättvisa och skäliga beslut.

AI-systemens transparens och förklarbarhet är också avgörande för deras sociala acceptans. Människor måste kunna förstå AI:s beslutsprocesser för att kunna utveckla förtroende för tekniken. Detta kräver inte bara tekniska lösningar, utan också tydliga kommunikationsstrategier som förklarar hur AI fungerar på ett begripligt sätt. Utbildning och information spelar här en central roll. Riktade utbildningsprogram kan minska missförstånd och rädslor och skapa en bättre förståelse för möjligheterna och begränsningarna med AI. En välinformerad allmänhet är mer benägen att acceptera och stödja AI-tillämpningar.

De etiska konsekvenserna av att använda AI måste också övervägas noga. Detta inkluderar efterlevnad av dataskyddsbestämmelser och ansvarsfull hantering av personuppgifter. Samhället måste säkerställa att användningen av AI är förenlig med etiska normer och värderingar. Detta kan uppnås genom utveckling och implementering av etiska riktlinjer och standarder som främjar en ansvarsfull användning av AI.

Tillsynsmyndigheter och politiska beslutsfattare spelar här en viktig roll genom att skapa ett ramverk som säkerställer en etisk användning av AI.

En annan faktor som påverkar den sociala acceptansen av AI är hur tekniken integreras i vardagen. Ju fler människor som har positiva erfarenheter av AI-applikationer, desto mer sannolikt är det att de kommer att acceptera tekniken. Detta kan stödjas av användarvänlig design och intuitiva gränssnitt som gör det lättare för människor att interagera med AI-system. Framgångsrika tillämpningar inom områden som röstassistenter, personliga rekommendationer och automatiserade tjänster kan bidra till att öka användningen genom att visa på nyttan och fördelarna med AI i vardagen.

Slutligen spelar allmänhetens uppfattning och mediernas bevakning en viktig roll för den sociala acceptansen av AI. Sensationsrapportering om potentiella faror och missbruk av AI kan underblåsa rädslor och minska acceptansen.

Förtroende för AI-system

Förtroendet för AI-system är en nyckelfråga, särskilt i samband med så kallade "psykoser hos AI". Dessa psykoser, som kan beskrivas som bristfälliga eller partiska beslut som fattas av AI-system, har potential att avsevärt undergräva förtroendet för dessa tekniker.

För det första är transparensen i AI-systemen en nyckelfaktor för förtroendet. Transparens innebär att AI:ns beslutsprocesser är begripliga och förståeliga. Detta är särskilt viktigt när det gäller komplexa algoritmer som bygger på djupinlärning.

En annan kritisk aspekt är att AI-systemen är rättvisa. Förtroende kommer bara att uppstå om människor kan vara säkra på att AI:s beslut är rättvisa och opartiska. Utmaningen är att AI-system tränas på historiska data som kan innehålla fördomar och förutfattade meningar. Dessa fördomar kan bäddas in i modellerna och sedan reproduceras i AI:ns beslut. För att hantera detta problem måste utvecklarna se till att träningsdatan är representativ och balanserad. Dessutom bör algoritmer användas för att känna igen och korrigera fördomar. Tekniker som bias mitigation och fairness constraints kan bidra till att förbättra rättvisan i AI-system och därmed öka användarnas förtroende.

AI-systemens tillförlitlighet och robusthet är också avgörande för förtroendet. Användarna måste kunna lita på att AI:n fattar konsekventa och korrekta beslut under olika förhållanden. Detta kräver omfattande tester och validering av modellerna för att säkerställa att de fungerar på ett tillförlitligt sätt i praktiken. En robust AI måste kunna hantera oväntade indata och situationer utan att fatta felaktiga eller farliga beslut.

En annan viktig faktor är att AI utformas och används på ett etiskt sätt. Förtroende kommer bara att byggas upp om människor kan vara säkra på att tekniken används i enlighet med etiska normer. Detta omfattar skydd av privatlivet och ansvarsfull hantering av personuppgifter. Dessutom bör etiska riktlinjer utvecklas och implementeras för att främja en ansvarsfull användning av AI. Dessa riktlinjer bör ta upp frågor om rättvisa, transparens och ansvarighet och säkerställa att tekniken används till nytta för samhället.

Betydelsen av förtroende för acceptans

Förtroende spelar en central roll när det gäller acceptansen av artificiell intelligens i samhället. Utan förtroende för tekniken, dess processer och resultat är det osannolikt att människor och organisationer kommer att använda AI-system i stor skala. Förtroendets betydelse för acceptansen av AI kan ses ur flera viktiga aspekter.

Först och främst är förtroende nyckeln till att övervinna skepticism och motstånd mot ny teknik. Artificiell intelligens, särskilt avancerade former som maskininlärning och neurala nätverk, kan verka skrämmande eller ogenomskinliga för många människor. Om människor känner att de inte förstår hur AI fungerar och vilka beslutsprocesser som är inblandade, tenderar de att misstro och förkasta dessa tekniker. Förtroende kommer från transparens och spårbarhet, som hjälper användarna att förstå mekanismerna bakom AI. När användarna ser att tekniken är transparent och förklarlig är de mer villiga att acceptera och använda den.

En annan viktig faktor är hur man uppfattar AI-systemens tillförlitlighet och noggrannhet. I kritiska tillämpningar, som medicinsk diagnostik eller autonom fordonsstyrning, är förtroendet för AI-systemens noggrannhet och tillförlitlighet avgörande. Felaktiga eller inkorrekta beslut kan inte bara leda till betydande ekonomiska förluster, utan också äventyra människors liv. Om användarna kan lita på att AI-system är korrekta och tillförlitliga kommer de att vara mer villiga att acceptera dessa tekniker och använda dem inom viktiga områden.

Rättvisa och etik är också av stor betydelse för förtroendet för och acceptansen av AI. Samhällena oroar sig alltmer för de etiska konsekvenserna av AI, särskilt när det gäller fördomar och diskriminering. Om AI-system uppfattas som orättvisa eller partiska undergräver det användarnas förtroende och kan leda till ett utbrett förkastande av tekniken. AI-utvecklare och leverantörer måste se till att deras system fungerar på ett rättvist och opartiskt sätt genom att använda olika och representativa datamängder och implementera mekanismer för att minska partiskhet. Det krävs också etiska riktlinjer och standarder för att säkerställa att AI-systemen drivs i enlighet med samhällets moraliska värderingar.

Förtroende uppmuntrar också till innovation och en vilja att pröva ny teknik. När människor och organisationer har förtroende för säkerheten och tillförlitligheten i AI är de mer villiga att investera i dessa tekniker och testa dem inom olika områden. Detta kan leda till en snabbare spridning och acceptans av AI och samtidigt stärka innovationskraften och konkurrenskraften hos företag och länder.

Förtroende spelar dessutom en nyckelroll för den sociala integrationen och den långsiktiga acceptansen av AI. I en alltmer digitaliserad värld där AI spelar en allt större roll är det viktigt att alla delar av samhället har tillgång till och förtroende för denna teknik. Detta kräver riktad utbildning och medvetandehöjande arbete för att främja förståelsen och förtroendet för AI. En välinformerad och utbildad allmänhet är mer benägen att dra nytta av fördelarna med AI och utnyttja dess potential fullt ut.

Konsekvenser av förlorat förtroende

Ett förlorat förtroende för artificiell intelligens kan få långtgående konsekvenser som sträcker sig till olika nivåer i samhället och ekonomin.

För det första leder ett minskat förtroende till att AI-teknik accepteras och används i mindre utsträckning. Företag kan vara ovilliga att investera i AI eller använda AI inom kritiska områden som hälso- och sjukvård, finans eller straffrätt. En annan viktig aspekt är den ekonomiska skada som kan bli följden av ett förlorat förtroende. Företag som i hög grad förlitar sig på AI kan drabbas av betydande ekonomiska förluster om deras kunder eller partners förlorar förtroendet för deras system. I allmänhetens ögon kan ett förlorat förtroende för AI också leda till en bredare skepsis mot tekniska innovationer. Om allmänheten förlorar förtroendet för AI kan det leda till en allmän motvilja mot att ta till sig ny teknik och nya innovationer. Denna skepticism kan ha en negativ inverkan på viljan att acceptera och använda ny teknik, vilket kan hämma den tekniska utvecklingen i stort.

Dessutom kan ett minskat förtroende för AI-system påverka innovation och forskningsframsteg inom detta område. Om forskare och utvecklare känner att deras arbete inte är allmänt accepterat eller stöds, kan detta minska motivationen och engagemanget för AI-forskning. En annan viktig aspekt är den etiska och sociala dimensionen av ett minskat förtroende för AI. Om AI-system uppfattas som orättvisa eller diskriminerande kan detta förvärra sociala spänningar och ojämlikheter. Uppfattningen att vissa grupper eller individer systematiskt missgynnas kan undergräva det sociala förtroendet för tekniska och institutionella system. Detta kan leda till ökad polarisering och en förlust av social sammanhållning, vilket kan få allvarliga sociala och politiska konsekvenser.

Strategier för förebyggande och kontroll

Validering och rensning av data

För att förebygga och kontrollera felaktiga beslut med hjälp av artificiell intelligens krävs framför allt noggrann validering och rensning av data.

Grunden för varje AI-tillämpning är kvaliteten på de data som algoritmerna tränas på. Validering och rensning av data är därför avgörande för att säkerställa att datamängderna är fria från fel, snedvridningar och anomalier.

Detta börjar med en noggrann kontroll av rådata. Uppgifterna måste kontrolleras så att de är fullständiga och konsekventa. Saknade eller inkonsekventa data kan leda till felaktiga slutsatser och försämra AI-systemets prestanda. En grundlig valideringsprocess säkerställer att alla relevanta data registreras och dokumenteras på ett korrekt sätt.

Rensning av data är nästa kritiska steg. Det innebär att man identifierar och tar bort felaktiga, irrelevanta eller duplicerade data. Den här processen bidrar till att förbättra datauppsättningens noggrannhet och kvalitet. Ett exempel på detta kan vara att ta bort outliers eller datapunkter som ligger klart utanför normalområdet och som kan snedvrida analysen. Dessutom är det viktigt att datarepresentationen är balanserad. En ojämn datauppsättning som överrepresenterar eller underrepresenterar vissa grupper eller egenskaper kan leda till en partisk AI-modell. Rensningen bör därför säkerställa att datan är mångsidig och representativ för att främja rättvisa och balanserade beslut.

En annan aspekt av validering och rensning av data är att kontrollera för bias och systematiska snedvridningar. Historiska data innehåller ofta omedvetna fördomar som kan vara inbäddade i AI-modellerna. Dessa fördomar kan ha en negativ inverkan på beslutsfattandet och systematiskt missgynna vissa grupper. För att förhindra detta måste data kontrolleras med avseende på olika typer av fördomar, t.ex. kön, ras eller ålder. Tekniker som fairness checks och bias mitigation strategies kan bidra till att identifiera och korrigera dessa fördomar. Kontinuerlig övervakning av data och modeller är nödvändig för att säkerställa att nya fördomar inte introduceras.

Databerikning är en process som kompletterar validering och rensning och som innebär att ytterligare relevant information integreras i datasetet för att förbättra analysen. Detta kan till exempel göras genom att lägga till externa datakällor eller genom att tillämpa tekniker för dataförstärkning. En rikare och mer varierad databas kan öka AI-modellens robusthet och noggrannhet och bidra till att minimera antalet felaktiga beslut.

Ett viktigt steg för att förebygga och kontrollera felaktiga AI-beslut är också dokumentation och transparens i dataprocesserna. Tydlig och detaljerad dokumentation av datakällorna, de rensnings- och valideringstekniker som används och de antaganden och beslut som fattas är avgörande. Denna transparens gör det möjligt att förstå och granska datakvaliteten och beslutsprocesserna i AI-systemet. Det är också viktigt för ansvarsskyldigheten och efterlevnaden av rättsliga och etiska standarder.

Tekniker för att undvika överanpassning

Överanpassning av en modell till träningsdata är ett annat vanligt problem inom maskininlärning som kan påverka en modells generaliseringsförmåga avsevärt. För att undvika överanpassning och se till att en modell fungerar bra på nya, okända data finns det en mängd olika tekniker som kan tillämpas. Dessa tekniker sträcker sig från att förbättra datakvaliteten och variationen till specifika justeringar i modellarkitekturen och träningsprocessen.

En av de mest grundläggande teknikerna för att undvika överanpassning är att använda mer träningsdata. När en modell tränas på en större och mer varierad uppsättning data har den en bättre chans att lära sig de underliggande mönstren och inte bara bruset och slumpmässigheten i data. Det kan dock vara dyrt och tidskrävande att samla in och förvalta ytterligare data, så det är ofta nödvändigt att använda andra tekniker för att få ut det bästa av tillgängliga data.

Ett annat tillvägagångssätt är dataförstärkning, särskilt inom bildbehandling. Data augmentation innebär att man genererar nya träningsexempel genom att tillämpa olika transformationer på befintliga data, t.ex. genom att rotera, skala, vända och förvränga bilder. Denna teknik ökar effektivt storleken på träningsdatasetet och hjälper modellen att bli mer robust mot variationer i data. Detta minskar sannolikheten för att modellen lär sig specifika detaljer i träningsdatan som inte är relevanta för generaliseringen.

Regularisering är en allmänt använd teknik för att undvika överanpassning, som består av att införa ytterligare begränsningar eller straff på modellparametrarna under träning. L1- och L2-regularisering är två vanliga former av regularisering. L1-regularisering lägger till en straffavgift för den absoluta summan av modellvikterna, vilket resulterar i att vissa vikter sätts till noll och därmed gör modellen mer parsimonious. L2-regularisering lägger till en straffavgift för den kvadrerade summan av modellvikterna, vilket håller vikterna mindre totalt sett och minskar modellens komplexitet. Båda teknikerna bidrar till att begränsa modellens kapacitet och minska risken för överanpassning.

Dropout är en specifik teknik som används i djupa neurala nätverk för att undvika överanpassning. Vid dropout inaktiveras slumpmässigt utvalda neuroner under träningen, vilket förhindrar att modellen blir alltför beroende av vissa vägar och kopplingar. Detta tvingar modellen att lära sig mer redundanta och robusta funktioner som generaliseras bättre. Dropout minskar modellens beroende av specifika neuroner och kopplingar och bidrar till att förbättra generaliseringsförmågan.

Korsvalidering är en annan viktig teknik som hjälper till att utvärdera modellens prestanda och undvika överanpassning. Vid korsvalidering delas träningsdatasetet upp i flera delar och modellen tränas och valideras flera gånger genom att en del i taget används som valideringsuppsättning och de återstående delarna som träningsuppsättning. Detta bidrar till att bättre bedöma och förbättra modellens generaliseringsförmåga när modellen testas på olika delmängder av data. Det ger en mer robust uppskattning av modellens prestanda och bidrar till att minska risken för överanpassning.

En annan metod för att undvika överanpassning är att använda ett valideringsdataset och ett tidigt stopp under träningsprocessen. Ett valideringsdataset, som inte används för träning, används för att övervaka modellens prestanda. Med det tidiga stoppet avbryts träningsprocessen om prestandan på valideringsdatasetet inte längre förbättras eller försämras. På så sätt förhindras att modellen tränas för länge och börjar lära sig bruset i träningsdatan.

Ensembling-metoder, som bagging och boosting, är också effektiva tekniker för att undvika överanpassning. I bagging (bootstrap-aggregering) tränas flera modeller på olika delmängder av data och deras förutsägelser kombineras. Detta minskar variansen och bidrar till att uppnå mer robusta förutsägelser. Random forests är ett populärt exempel på bagging. Boosting-metoder, t.ex. gradient boosting, tränar sekventiellt flera modeller, där varje ny modell syftar till att korrigera felen i de tidigare modellerna. Detta leder till en kraftig minskning av bias och varians, vilket förbättrar generaliseringsförmågan.

Ett noggrant val av modellarkitektur och hyperparametrar är också avgörande för att undvika överanpassning. Mer komplexa modeller är mer benägna att överanpassa, särskilt när de tränas på små eller otillräckliga datamängder. Genom att använda enklare modeller och optimera hyperparametrarna, t.ex. inlärningshastighet, antal lager och neuroner, kan risken för överanpassning minskas. Tekniker för optimering av hyperparametrar, t.ex. grid search eller random search, kan hjälpa till att hitta de bästa inställningarna som ger en bra balans mellan modellens komplexitet och generaliseringsförmågan.

Robusthet i modelleringen

Bristande robusthet i modelleringen är en annan viktig orsak till fenomenet "psykos" i AI-system, där AI-systemets beteende framstår som oförutsägbart, irrationellt eller ologiskt. Robusthet i modellering avser en modells förmåga att fungera på ett tillförlitligt och konsekvent sätt under olika förhållanden, inklusive när den konfronteras med oväntade indata, brus eller andra störningar. Om en modell inte är robust kan den lätt hamna i obalans och ge felaktiga eller absurda resultat.

En av de främsta orsakerna till bristande robusthet är att en modell inte kan generaliseras till nya eller ovanliga indata. Modeller som bara har tränats på en smal uppsättning träningsdata kan lära sig specifika mönster och egenskaper i dessa data i stället för att härleda generella och robusta regler. Om modellen sedan konfronteras med nya eller annorlunda data som inte är väl representerade av träningsdata kan den misslyckas eller ge oväntade resultat. Till exempel kan en språkassistent som främst tränats på formell text ha svårt att förstå och bearbeta informellt eller dialektalt tal, vilket kan leda till förvirrande eller olämpliga svar.

En annan faktor som bidrar till bristen på robusthet är överanpassning (se ovan). Om en modell är överanpassad till träningsdata lär den sig inte bara de relevanta mönstren utan även bruset och slumpmässigheten i data. Detta leder till att modellen generaliserar dåligt på nya data som inte innehåller dessa specifika detaljer. Överanpassning kan förvärras av modellens komplexitet. Komplexa modeller med många parametrar har en hög kapacitet att fånga detaljerna i träningsdata, men är också mer benägna att överanpassa och därför mindre robusta mot nya data.

En annan aspekt av bristen på robusthet i modelleringen är känsligheten för brus eller små förändringar i indata. Robusta modeller ska kunna hantera mindre avvikelser eller störningar utan att deras prestanda påverkas nämnvärt. Om en modell däremot är mycket känslig för sådana förändringar kan det leda till instabila och oförutsägbara resultat. Ett exempel på detta är bildbehandling, där små förändringar i pixelvärden, t.ex. orsakade av brus eller bildbehandling, kan leda till att en bildklassificeringsmodell gör felaktiga eller absurda förutsägelser.

Modellens arkitektur och utformning spelar också en avgörande roll för robustheten. Modeller som inte har utformats och validerats med omsorg är mer benägna att drabbas av fel och instabilitet. Neurala nätverk med en suboptimal arkitektur kan t.ex. tendera att hitta lokala minima i felandskapet, vilket leder till suboptimala lösningar och bristande robusthet. Att välja rätt modellarkitektur och använda tekniker som regularisering och korsvalidering är avgörande för att säkerställa modellens robusthet.

En annan viktig faktor är datakvalitet och mångfald. Modeller som tränas på högkvalitativa och mångsidiga data tenderar att vara mer robusta och kunna generaliseras till ett brett spektrum av scenarier. Bristen på robusthet kan också förvärras av otillräcklig testning och validering under utvecklingsfasen. Modeller bör testas grundligt på olika dataset och under olika förhållanden för att bedöma deras robusthet och generaliserbarhet. Om dessa tester inte utförs på ett adekvat sätt kan modellen ge oväntade och oförutsägbara resultat i praktiken.

Implementering av tekniker för att öka robustheten är avgörande för att minimera risken för "psykoser" i AI-system. En sådan teknik är dataaugmentering, där träningsdata utökas med olika transformationer för att göra modellen mer robust mot variationer i indata. Dropout- och andra regulariseringsmetoder kan också användas för att minska överanpassning och öka robustheten. Dessutom kan ensembling-metoder som kombinerar flera modeller förbättra robustheten och tillförlitligheten i prediktionerna.

Ett annat viktigt tillvägagångssätt är kontinuerlig övervakning och anpassning av modeller efter driftsättning. Modeller som används i den verkliga världen bör regelbundet övervakas och granskas för att säkerställa att de fortsätter att fungera robust och tillförlitligt. Detta inkluderar anpassning av modellerna till nya data och förhållanden samt implementering av mekanismer för att upptäcka och korrigera felaktigt beteende.

Kontroll av partiskhet och regelbunden övervakning

Att säkerställa att partiskhet minimeras är en avgörande aspekt vid utveckling och implementering av artificiell intelligens.

Kontroll av partiskhet börjar med att noggrant analysera och utvärdera de datamängder som används för att träna AI-modeller. Historiska data kan återspegla inneboende fördomar och ojämlikheter som, om de inte upptäcks, kan bli inbäddade i AI-modeller och påverka deras beslut. Ett viktigt steg är att analysera fördelningen av data mellan olika demografiska grupper och se till att ingen grupp är över- eller underrepresenterad. Detta kan göras genom statistisk analys och visualiseringar som belyser potentiella skevheter i data.

Det är också viktigt att använda specifika mått för att bedöma partiskhet. Dessa mått inkluderar statistiska metoder som t.ex. disparate impact ratio, som undersöker om resultaten av en modell är desamma för olika grupper, och analys av falskt positiva och falskt negativa resultat för att identifiera skillnader i felklassificering. Genom att använda sådana mått kan utvecklarna identifiera potentiella skevheter i modellerna och bedöma i vilken utsträckning dessa skevheter påverkar olika demografiska grupper.

En annan viktig metod för att minimera partiskhet är att använda rättvisealgoritmer och tekniker för att minska partiskhet. Dessa tekniker kan tillämpas före, under och efter träningen av modeller. Före träningen kan metoder som omviktning eller omsampling användas för att säkerställa att träningsdata är balanserade. Under träningen kan rättvisebegränsningar integreras i optimeringsprocesserna för att säkerställa att modellerna fattar rättvisa beslut. Efter träningen kan tekniker som efterbearbetning användas för att kontrollera och justera modellens beslut för att minska partiskheten.

Regelbunden övervakning är också avgörande för att säkerställa att modellerna fortsätter att fungera på ett rättvist och tillförlitligt sätt. En viktig del av den regelbundna övervakningen är att utföra revisioner och granskningar. Dessa revisioner bör utföras regelbundet och systematiskt för att kontrollera att de fastställda rättvise- och kvalitetsstandarderna efterlevs. Oberoende granskningar av externa experter kan ge ytterligare säkerhet och bidra till att säkerställa att modellerna uppfyller etiska och rättsliga krav. Det är också viktigt att involvera domänexperter och intressenter i övervakningsprocessen. Dessa experter bidrar med värdefull kunskap och perspektiv som kan hjälpa till att identifiera och hantera potentiella fördomar. Genom regelbundna samråd och återkopplingsrundor med intressenter kan utvecklarna säkerställa att modellerna uppfyller praktiska krav och etiska standarder. Detta främjar en kontinuerlig förbättring av modellerna och bidrar till att AI-systemen blir accepterade och trovärdiga på lång sikt.

Förutom teknisk övervakning bör organisatoriska åtgärder också vidtas för att främja en kultur av rättvisa och ansvarighet. Det handlar bland annat om att utbilda medarbetare i metoder för att upptäcka partiskhet och rättvisa, att fastställa tydliga riktlinjer och standarder för modellutveckling och övervakning samt att skapa mekanismer för att rapportera och hantera farhågor och frågor som rör partiskhet. Ett starkt organisatoriskt stöd och ett gemensamt engagemang för etiska AI-metoder är avgörande för att uppnå långsiktiga framgångar när det gäller att minimera partiskhet och säkerställa datakvalitet.

Tekniker för att identifiera och korrigera partiskhet

Några av de viktigaste teknikerna för att identifiera och korrigera partiskhet beskrivs i detalj nedan.

Identifiering av partiskhet

Beskrivande statistik och visualisering

En grundläggande metod för att identifiera partiskhet är att använda deskriptiv statistik och visualiseringstekniker. Genom att analysera fördelningen av dataegenskaper som kön, ålder, etnicitet och andra demografiska egenskaper kan obalanser och partiskhet i datamängderna identifieras. Histogram, boxplottar och spridningsdiagram är användbara verktyg för att visualisera eventuella snedvridningsmönster.

Analys av olikartad påverkan

Analysen av olikartad påverkan bedömer om ett beslut eller en förutsägelse i en modell har olika effekter på olika grupper. I denna analys används statistiska mått som t.ex. kvoten för olikartad påverkan, som mäter förhållandet mellan positiva resultat för en skyddad grupp jämfört med en referensgrupp. En signifikant skillnad i resultaten indikerar potentiell partiskhet.

Analys av falska positiva/falska negativa resultat

Ett annat sätt att identifiera bias är att analysera felklassificeringsfrekvensen (falskt positiva och falskt negativa resultat) för olika grupper. Skillnader i dessa andelar kan tyda på systematiska fel i modellen. Till exempel kan en högre andel falskt positiva resultat för en viss demografisk grupp tyda på en systematik i modellen.

Korrigering av partiskhet

Förbehandlingstekniker

Förbehandlingstekniker syftar till att korrigera snedvridningar i data innan modellen tränas. Dessa inkluderar metoder som t.ex:

Omviktning

Omviktning är en teknik inom maskininlärning och databehandling som syftar till att uppnå en mer balanserad fördelning av olika grupper inom en datamängd. Denna metod används ofta för att korrigera fördomar i data och säkerställa att maskininlärningsmodeller gör rättvisa och rättvisa förutsägelser.

Omviktning avser processen att justera vikterna för enskilda datapunkter i ett dataset för att uppnå en mer representativ och balanserad fördelning av gruppegenskaper. Detta innebär att datapunkter från underrepresenterade grupper ges en högre vikt, medan datapunkter från överrepresenterade grupper ges en lägre vikt. Syftet är att minimera snedvridningar som orsakas av ojämlika gruppstorlekar och att göra det möjligt för inlärningsalgoritmerna att utveckla mer rättvisa modeller.

Det tekniska genomförandet av omviktningen sker i flera steg. Först analyseras datasetet för att förstå fördelningen av de olika grupperna. Detta innefattar identifiering av gruppegenskaper (t.ex. kön, etnicitet, ålder etc.) och kvantifiering av deras frekvens i datasetet. Baserat på denna analys justeras datapunkternas viktning. Detta kan göras med hjälp av olika metoder, t.ex. invers frekvens eller Bayesiansk viktning.

Ett ofta använt tillvägagångssätt är omvänd frekvensviktning, där viktningen av en datapunkt är omvänt proportionell mot frekvensen för dess grupp i datasetet. Om t.ex. en grupp endast utgör 10% av datamängden, medan en annan grupp utgör 90%, ges datapunkterna i den mindre gruppen en vikt som är nio gånger högre än den större gruppens vikt. Detta tvingar modellen att ta större hänsyn till den mindre gruppen vid modelleringen.

Implementeringen av omviktning för med sig ett antal utmaningar. En av de största utmaningarna är att hitta rätt balans. Överviktning av underrepresenterade grupper kan leda till överanpassning, där modellen reagerar oproportionerligt på de få datapunkterna från dessa grupper. Underviktning, å andra sidan, kanske inte korrigerar för bias i tillräcklig utsträckning.

En annan viktig aspekt är datakvaliteten. Om datapunkterna från de underrepresenterade grupperna är av dålig kvalitet eller innehåller systematiska fel kan omviktningen förvärra problemen i stället för att lösa dem. Därför är det viktigt med noggrann dataförberedelse och analys innan omviktning tillämpas.

Omviktning används inom många områden där det krävs rättvisa och balanserade modeller. Inom hälsoforskning kan det till exempel användas för att säkerställa att medicinska modeller inte bara baseras på data från en demografisk grupp, utan också tar hänsyn till andra grupper på lämpligt sätt. Detta är särskilt viktigt i områden där det finns historiska skillnader i datatillgänglighet.

Ett annat exempel är användningen av omviktning vid kreditbedömning. Här kan tekniken bidra till att säkerställa att modellerna är rättvisa för olika etniska grupper eller kön genom att säkerställa att ingen grupp missgynnas på grund av ojämlika datadistributioner.

Ny provtagning

Resampling är en allmänt använd teknik inom maskininlärning och databehandling som syftar till att uppnå en mer balanserad fördelning av grupper inom en dataset. Denna metod är särskilt användbar för att korrigera fördomar och obalanser som uppstår när vissa grupper är underrepresenterade eller överrepresenterade i träningsdata. Resampling kan användas för att utveckla modeller som ger rättvisare och mer exakta förutsägelser.

Resampling omfattar två huvudmetoder: Översampling och undersampling. Med översampling avses att datapunkter från underrepresenterade grupper dupliceras för att öka deras antal i datasetet. Detta görs för att säkerställa att modellen får tillräckligt med exempel från dessa grupper för att bättre lära sig deras egenskaper. Undersampling, å andra sidan, innebär att datapunkter från överrepresenterade grupper tas bort för att minska deras antal. Detta förhindrar att modellen blir alltför fixerad vid de mer frekventa grupperna och försummar de mer sällsynta grupperna.

Huvudsyftet med omprovningen är att skapa en balans i träningsdatan så att alla grupper är lika väl representerade i datauppsättningen. Detta säkerställer att modellen inte utvecklar systematiska fördomar och att den gör rättvisa förutsägelser för alla grupper.

För att kunna genomföra resampling krävs en noggrann analys av fördelningen av de olika grupperna i datasetet. Först analyseras datasetet med avseende på obalanser genom att frekvenserna för de olika gruppegenskaperna fastställs. Utifrån denna analys fattas ett beslut om vilka grupper som behöver över- eller undersamplas. Översampling kan utföras på olika sätt. Ett enkelt tillvägagångssätt är att slumpmässigt duplicera datapunkter från de underrepresenterade grupperna. En mer avancerad metod är att syntetiskt generera nya datapunkter med hjälp av tekniker som Synthetic Minority Oversampling Technique (SMOTE). SMOTE skapar nya datapunkter genom att kombinera och variera egenskaperna hos befintliga datapunkter. Undersampling kan åstadkommas genom att slumpmässigt ta bort datapunkter från de överrepresenterade grupperna. En mindre riskfylld metod är att välja datapunkterna på ett sådant sätt att variansen inom grupperna bevaras. Detta kan åstadkommas genom stratifierat urval, där datapunkternas viktigaste egenskaper beaktas.

Tillämpningen av resampling medför olika utmaningar. Vid översampling finns det en risk för överanpassning, eftersom modellen kan reagera för starkt på de duplicerade datapunkterna, vilket gör den mindre generaliserbar. Vid undersampling finns det risk för informationsförlust eftersom viktiga datapunkter kan tas bort, vilket kan begränsa modellens förmåga att känna igen mönster i data. En annan viktig aspekt är datakvaliteten. Om de underrepresenterade grupperna av naturliga skäl innehåller brusigare eller mindre representativa data kan omsampling förvärra dessa problem snarare än att lösa dem. Därför är det viktigt med en noggrann förbehandling av data och en grundlig analys av gruppens egenskaper.

Resampling används inom många områden där det är viktigt att utveckla rättvisa och korrekta modeller. Ett framträdande exempel är medicinsk forskning, där fördelningen av patientgrupper ofta är obalanserad. Resampling kan säkerställa att modellen på ett tillförlitligt sätt kan göra förutsägelser för alla patientgrupper, oavsett kön, ålder eller etnicitet. Ett annat exempel är upptäckt av bedrägerier i samband med finansiella transaktioner. Bedrägerifall är vanligtvis sällsynta, vilket innebär att data är mycket obalanserade. Genom att översampla bedrägerifallen kan en modell tränas bättre att känna igen dessa sällsynta händelser utan att domineras av den överväldigande majoriteten av icke-bedrägliga fall.

Resampling är en viktig teknik för att korrigera obalanser i datamängder och främja rättvisa i maskininlärningsmodeller. Genom att selektivt över- eller undermatcha datapunkter uppnås en balans i träningsdata, vilket leder till rättvisare och mer representativa modeller. Trots de utmaningar som är förknippade med genomförandet av resampling är denna metod ett effektivt sätt att förbättra kvaliteten och rättvisan i prediktiva modeller och säkerställa etiska standarder för databehandling.

Förstärkning av data

Data augmentation är en teknik som används inom maskininlärning och databehandling för att komplettera befintliga datamängder med syntetiskt genererade datapunkter. Syftet med denna metod är att öka mångfalden och representativiteten i data och därigenom förbättra modellernas prestanda och undvika överanpassning. Den här tekniken är särskilt användbar inom områden som bild- och taligenkänning och bearbetning av naturligt språk, där tillgången till stora och varierande dataset är avgörande.

Data Augmentation innebär att olika transformationer tillämpas på befintliga datapunkter för att skapa nya, något varierade versioner av dessa data. I bildbehandling kan sådana transformationer inkludera rotering, skalning, vändning, beskärning eller att lägga till brus i bilder. Dessa tekniker simulerar variationer i den verkliga världen som gör modellen robust mot liknande, men inte identiska, mönster under träningen.

Ett exempel på tillämpning av dataförstärkning inom bildbehandling skulle kunna vara att använda en träningsdatauppsättning med kattbilder. Genom transformationer som att rotera bilderna i olika vinklar, ändra ljusstyrkan eller lägga till brus kan datauppsättningen utökas på konstgjord väg. Detta hjälper modellen att generalisera bättre genom att den tränas på en större variation av utseenden, vilket förbättrar den övergripande förmågan att känna igen kattbilder.

Vid bearbetning av naturligt språk kan data utökas genom tekniker som synonymersättning, slumpmässig borttagning av ord eller genom att lägga till brus i texten. En mening som "Vädret är vackert idag" kan till exempel ändras till "Vädret är vackert idag" genom att "vackert" ersätts med "underbart". Dessa variationer hjälper modellen att lära sig en mer robust representation av språket och förbättrar dess förmåga att hantera nya och oförutsägbara formuleringar.

Ett annat område där dataförstärkning spelar en viktig roll är taligenkänning. Här kan syntetiskt genererade ljuddata skapas genom att lägga till bakgrundsbrus, ändra talets hastighet eller ändra tonhöjden. Dessa utökade datapunkter bidrar till att öka mångfalden i träningsdatasetet, vilket leder till bättre igenkänning och tolkning av talade ord och meningar.

Även om dataförstärkning ger många fördelar finns det också utmaningar och begränsningar. En av utmaningarna är att säkerställa att de utökade datapunkterna behåller de underliggande egenskaperna och mönstren i originaldata och inte leder till en försämring av modellens prestanda. Om de tillämpade transformationerna är för extrema eller introducerar irrelevanta variationer kan detta förvirra modellen och påverka dess förmåga att generalisera.

Ett annat potentiellt problem är att dataförstärkning kräver stora beräkningar. Att skapa och bearbeta ett stort antal syntetiska datapunkter kan kräva betydande beräkningsresurser, vilket i vissa fall kan öka den utbildningstid och infrastruktur som krävs. Därför är det viktigt att utveckla effektiva algoritmer och tekniker för att effektivt implementera dataförstärkning utan att överbelasta resurserna.

Tekniker för intern bearbetning

In-processing-tekniker används under utbildningen av modellen för att minimera bias. Dessa inkluderar:

Rättvisebegränsningar

Fairness constraints är en viktig teknik inom maskininlärning som syftar till att integrera fairness constraints direkt i modellernas inlärningsprocess. Syftet med denna teknik är att se till att modellerna fattar rättvisa beslut och undviker systematisk partiskhet och diskriminering. Detta uppnås ofta genom att modifiera förlustfunktionen för att optimera både prediktionsnoggrannheten och rättvisan.

Implementeringen av rättvisebegränsningar börjar med att man definierar specifika rättvisekriterier som ska beaktas i modellen. Dessa kriterier kan variera beroende på användningsfall, men omfattar ofta aspekter som demografisk paritet, utjämnade odds eller lika chanser. Demografisk paritet innebär att prediktionsresultaten för olika demografiska grupper fördelas på ett liknande sätt. Utjämnade odds säkerställer att andelen falskt positiva och falskt negativa resultat är densamma för alla grupper. Lika odds innebär att sannolikheten för en korrekt positiv prediktion är densamma för alla grupper.

När rättvisekriterierna har definierats modifieras modellens förlustfunktion. Förlustfunktionen är en matematisk konstruktion som mäter modellens prestanda och definierar målet med träningsprocessen. Genom att lägga till rättvisevillkor i förlustfunktionen tvingas modellen att optimera både prediktionsnoggrannheten och uppfyllandet av rättvisekriterierna. Detta kan åstadkommas genom att införa ytterligare termer i förlustfunktionen som kvantifierar och straffar avvikelsen från rättvisemålen.

Ett exempel på en modifierad förlustfunktion kan se ut så här: Anta att vi har en standardförlustfunktion $L(y, \hat{y})$ som mäter diskrepansen mellan de faktiska värdena y och de förutsagda värdena $\hat{y}$. För att integrera rättvisa kan vi lägga till ytterligare en term F som representerar rättvisebetingelsen. Den modifierade förlustfunktionen skulle då kunna vara $L(y, \hat{y}) + \lambda F$, där λ är en hyperparameter som bestämmer den relativa vikten av rättvisebetingelsen. Genom att justera λ

kan modellen balansera mellan prediktionsnoggrannhet och rättvisa.

Införandet av rättvisebegränsningar i utbildningsprocessen medför flera utmaningar. En av de största utmaningarna är att hitta rätt balans mellan rättvisa och noggrannhet. För mycket fokus på rättvisa kan minska modellens övergripande noggrannhet, medan för mycket fokus på noggrannhet kan leda till att rättvisan försummas. Det krävs noggrann inställning och validering för att säkerställa att modellen uppnår båda målen i lämplig grad.

Ett annat problem är komplexiteten i själva rättvisekriterierna. Olika rättvisekriterier kan stå i konflikt med varandra och det är ofta svårt att hitta en lösning som uppfyller alla kriterier samtidigt. Dessutom kan rättvisekriterierna variera beroende på sammanhang och tillämpning, vilket innebär att implementeringen av rättvisebegränsningar måste skräddarsys och anpassas till specifika krav.

Ett praktiskt exempel på tillämpningen av fairness constraints är utvecklingen av en kreditvärderingsmodell som säkerställer att ingen demografisk grupp missgynnas på grund av sin etniska tillhörighet eller sitt kön. Genom att integrera rättvisebegränsningar i modellens förlustfunktion kan det säkerställas att modellen fattar rättvisa kreditbeslut genom att säkerställa samma sannolikhet för kreditgodkännande för alla grupper.

Adversarial debiasing

Adversarial debiasing är en innovativ teknik inom maskininlärning som syftar till att minska bias i modeller. Denna metod använder kontradiktoriska nätverk för att känna igen och eliminera systematiska fördomar samtidigt som huvudmodellen fortsätter att träna för att göra korrekta förutsägelser. Denna metod är en kombination av styrkan hos adversarial networks och behovet av ett rättvist beslutsfattande.

Det grundläggande konceptet med adversarial networks introducerades ursprungligen i samband med generative adversarial networks (GANs), där två nätverk spelar mot varandra: en generator som försöker producera realistiska data och en diskriminator som försöker skilja verkliga data från genererade data. Adversarial debiasing anpassar denna princip för att bekämpa skevheter i data och modeller.

Vid adversarial debiasing består installationen av två huvudkomponenter: prediktionsmodellen och det adversariala nätverket. Som vanligt tränas prediktionsmodellen för att göra korrekta prediktioner för målvariabeln. Parallellt med detta tränas det kontradiktoriska nätverket för att känna igen felaktigheter i modellens förutsägelser. Träningsprocessen är utformad så att prediktionsmodellen lär sig att göra prediktioner som är både korrekta och fria från bias för att lura det kontradiktoriska nätverket.

Träningsprocessen börjar med att prediktionsmodellen tränas på originaldata för att kunna göra korrekta prediktioner. Under denna träning matas modellens förutsägelser och de sanna etiketterna in som indata till det kontradiktoriska nätverket. Det kontradiktoriska nätverket tränas för att känna igen om modellens förutsägelser innehåller partiskhet baserat på de demografiska egenskaperna hos data.

En återkopplingsmekanism implementeras för att minska bias. Om det kontradiktoriska nätverket upptäcker partiskhet i förutsägelserna skickas en återkopplingssignal till förutsägelsemodellen. Denna återkopplingssignal används för att justera vikterna i prediktionsmodellen så att framtida prediktioner innehåller mindre bias. Målet är att träna prediktionsmodellen så att den inte bara gör korrekta prediktioner, utan också prediktioner som det kontradiktoriska nätverket inte kan identifiera som partiska.

Ett praktiskt exempel på adversarial debiasing är utvecklingen av en rekryteringsmodell som utvärderar jobbansökningar. Prediktionsmodellen tränas för att bedöma de sökandes lämplighet baserat på deras kvalifikationer. Samtidigt tränas det adversariala nätverket att känna igen om modellens förutsägelser påverkas av demografiska egenskaper som kön eller etnicitet. Genom den iterativa träningsprocessen lär sig prediktionsmodellen att göra förutsägelser som är fria från dessa fördomar, vilket resulterar i mer rättvisa anställningsbeslut.

Tillämpningen av kontradiktorisk debiasing innebär dock också utmaningar. En av de största utmaningarna är att hitta balansen mellan noggrannhet och rättvisa. Om man fokuserar för mycket på att ta bort partiskhet kan det minska modellens övergripande noggrannhet. En annan aspekt är komplexiteten i implementeringen. Träningsprocessen kräver noggrann samordning av de två nätverken, vilket kräver ytterligare beräkningsresurser och expertis.

Tekniker för efterbearbetning

Efterbehandlingstekniker används efter att modellen har tränats för att korrigera snedvridningar i förutsägelserna.

Utjämnade odds

Utjämnade odds är en viktig metod inom området rättvisa i maskininlärning, som syftar till att justera förutsägelserna i en modell så att de falska positiva och falska negativa frekvenserna är desamma för olika demografiska grupper. Detta koncept säkerställer att modellen har liknande felsannolikheter oavsett vilken grupp datapunkterna tillhör och därför inte systematiskt straffar eller gynnar enskilda grupper.

Grundtanken med utjämnade odds är att säkerställa att felprocenten är lika mellan olika grupper. Matematiskt innebär detta att sannolikheten för att modellen gör en positiv förutsägelse, givet att det faktiska resultatet är positivt (sant positivt värde), och sannolikheten för att modellen gör en negativ förutsägelse, givet att det faktiska resultatet är negativt (sant negativt värde), ska vara densamma för alla grupper. Formellt sett är villkoren för utjämnade odds följande:

$P(\hat{Y} = 1 \mid Y = 1, A = a) = P(\hat{Y} = 1 \mid Y = 1, A = b)$ för alla grupper a och b,

$P(\hat{Y} = 0 \mid Y = 0, A = a) = P(\hat{Y} = 0 \mid Y = 0, A = b)$ för alla grupper a och b.

Här står $\hat{Y}$ för modellens förutsägelse, Y för det faktiska resultatet och A för den demografiska gruppen.

Implementeringen av Equalised Odds i en modellutbildning kräver specifika justeringar för att säkerställa att felfrekvenserna utjämnas för alla grupper. Ett sätt att uppnå detta är att justera modellen i efterhand eller att tillämpa specifika optimeringstekniker under utbildningsprocessen. En vanlig metod är att modifiera modellens förlustfunktion för att optimera inte bara prediktionsnoggrannheten utan även efterlevnaden av de utjämnade oddsen. Detta kan göras genom att införa ytterligare rättvisetermer i förlustfunktionen som minimerar avvikelserna i felfrekvenser mellan grupperna.

Ett praktiskt exempel på tillämpning av utjämnade odds är utvecklingen av en modell för kreditbedömning som säkerställer att andelen falska positiva och falska negativa resultat är densamma för olika etniska grupper. Utan justeringar skulle vissa grupper kunna få antingen för många falska kreditgodkännanden eller för många avslagna kreditansökningar på grund av historiska dataförskjutningar. Genom att tillämpa Equalised Odds kan modellen justeras så att dessa procentsatser utjämnas mellan grupperna, vilket resulterar i rättvisare kreditbeslut.

Tillämpningen av utjämnade odds innebär dock också utmaningar. En av de största utmaningarna är att hitta rätt balans mellan rättvisa och noggrannhet. Att uppfylla de utjämnade oddsen kan minska modellens övergripande noggrannhet eftersom ytterligare begränsningar måste beaktas. Dessutom kan implementeringen av denna metod vara komplicerad, särskilt när gruppens egenskaper är olika och fördelade på olika sätt.

Kalibrerade utjämnade odds

Calibrated Equalised Odds är en avancerad metod för att förbättra rättvisan och precisionen i maskininlärningsmodeller. Tekniken bygger på konceptet med utjämnade odds, men utvidgar det till att omfatta aspekten med att kalibrera förutsägelserna. Syftet är både att utjämna felfrekvenserna (falskt positiva och falskt negativa felfrekvenser) mellan olika demografiska grupper och att säkerställa kalibreringen av sannolikhetsprognoserna.

Begreppet kalibrering innebär i det här sammanhanget att de förutsagda sannolikheterna ska stämma överens med de faktiska sannolikheterna. Med andra ord, om en modell förutspår en 70-procentig sannolikhet för en positiv händelse, ska denna händelse faktiskt inträffa 70 procent av tiden. Kalibreringen är viktig för att säkerställa att de sannolikheter som modellen ger upphov till är tillförlitliga och tolkningsbara.

Calibrated Equalised Odds kombinerar målen om rättvisa genom utjämnade odds med kravet på kalibrering. Detta innebär att metoden syftar till att säkerställa att de predikterade sannolikheterna både är lika kalibrerade mellan grupperna och att de falskt positiva och falskt negativa frekvenserna är utjämnade.

För att uppnå kalibrerade utjämnade odds används vanligtvis en tvåstegsprocess. I det första steget tränas en prediktionsmodell för att maximera träffsäkerheten utan hänsyn till rättvisa. I det andra steget läggs ett kalibreringslager till som justerar modellens förutsägelser för att säkerställa utjämnade odds och kalibrering mellan de olika grupperna.

En ofta använd metod för kalibrering är isotonisk regression eller platt skalning. Dessa metoder justerar sannolikheterna så att de bättre stämmer överens med de faktiska resultaten. Dessutom kan en optimeringsrutin användas för att säkerställa att de kalibrerade prediktionerna uppfyller villkoret för utjämnade odds. Detta kan åstadkommas genom att införa regulariseringstermer i förlustfunktionen som minimerar avvikelserna i felfrekvenserna och kalibreringsfelen mellan grupperna.

Ett praktiskt exempel på tillämpning av kalibrerade utjämnade odds är utvecklingen av en modell för att förutsäga återfallsfrekvensen bland brottslingar. En standardmodell kan ha felaktigheter som leder till att vissa demografiska grupper kategoriseras som mer riskfyllda. Genom att använda kalibrerade utjämnade odds säkerställs att felfrekvenserna är desamma för alla grupper och att sannolikhetsprognoserna är korrekt kalibrerade. Detta möjliggör rättvisa och korrekta förutsägelser, vilket leder till mer rättvisa beslut i rättssystemet.

Tillämpningen av kalibrerade utjämnade odds medför ett antal utmaningar. En av de största utmaningarna är komplexiteten i implementeringen, eftersom man både måste kalibrera sannolikheterna och säkerställa rättvisa mellan grupperna. Detta kräver en noggrann inställning av modellparametrarna och eventuellt större beräkningsresurser. Dessutom kan balansen mellan rättvisa och noggrannhet vara svår att uppnå eftersom ytterligare begränsningar måste inkluderas i optimeringen.

Avvisa alternativ Klassificering

Reject Option Classification är en teknik för att förbättra rättvisan i maskininlärningsmodeller som syftar till att justera eller förkasta förutsägelser i fall av hög osäkerhet, särskilt när dessa förutsägelser kan leda till orättvisa resultat för vissa demografiska grupper. Denna metod identifierar och hanterar situationer där modellen kan fatta osäkra eller potentiellt partiska beslut och gör det möjligt att undvika eller korrigera sådana beslut.

Grundtanken bakom Reject Option Classification är att modellen i fall av hög osäkerhet eller potentiell partiskhet inte fattar ett definitivt beslut, utan istället förkastar förutsägelsen eller tillämpar en alternativ beslutsmetod. Detta kan vara särskilt viktigt när modellens osäkerhet tyder på att beslutet sannolikt kommer att vara bristfälligt eller orättvist mot vissa grupper.

Processen för att implementera Reject Option Classification består av flera steg:

- Känna igen osäkerhet: För det första måste modellen kunna kvantifiera osäkerheten i sina förutsägelser. Detta kan göras genom att beräkna osäkerhetsmått som t.ex. entropin i prediktionsfördelningen, variansen i sannolikhetsprediktionerna eller andra statistiska osäkerhetsindikatorer. Hög osäkerhet signalerar att modellen är osäker på om förutsägelsen är korrekt.
- Definition av tröskelvärden: Baserat på osäkerhetsmåtten definieras tröskelvärden över vilka en prediktion avvisas eller justeras. Dessa tröskelvärden kan kalibreras så att de är särskilt effektiva i fall där förutsägelsen skulle kunna leda till orättvisa resultat för vissa grupper.
- Förkasta eller justera förutsägelsen: Om osäkerheten överstiger ett visst tröskelvärde kan modellen förkasta förutsägelsen och istället tillämpa en alternativ beslutsmetod. Det kan innebära att ärendet vidarebefordras för ytterligare manuell granskning eller att ett konservativt beslut fattas som är mindre riskfyllt.

Ett praktiskt exempel på användning av Reject Option Classification är kreditgivning. I de fall där modellen är osäker på om en låneansökan ska godkännas eller avslås kan den avvisa beslutet och skicka ärendet vidare för manuell granskning. Detta är särskilt viktigt om osäkerheten tyder på att beslutet kan vara orättvist mot vissa demografiska grupper på grund av partiskhet eller otillräckliga data.

Det finns flera fördelar med att använda denna teknik. Genom att undvika beslut i fall med stor osäkerhet minskar sannolikheten för fel och orättvisa resultat. Detta bidrar till att förbättra modellens övergripande rättvisa och öka användarnas förtroende för modellens förutsägelser. Dessutom möjliggör Reject Option Classification en målinriktad hantering av svåra eller känsliga fall, vilket kan leda till ett bättre utnyttjande av tillgängliga resurser.

Det finns dock också utmaningar när man implementerar Reject Option Classification. En av de största utmaningarna är att fastställa lämpliga osäkerhetströsklar. Dessa tröskelvärden måste kalibreras noggrant för att säkerställa att de är effektiva utan att äventyra modellens prestanda alltför mycket. För att identifiera och kvantifiera osäkerheten krävs dessutom ytterligare beräkningar, vilket kan göra modellen mer komplex.

Kontinuerlig övervakning och revision

Att korrigera partiskhet är inte en engångsprocess, utan kräver kontinuerlig övervakning och regelbundna revisioner av modellerna. Detta inkluderar:

- Verktyg för övervakning: Implementera verktyg för att kontinuerligt övervaka modellens prestanda och rättvisemått under drift. Dessa verktyg kan utlösa automatiska varningar när snedvridningar upptäcks.
- Regelbundna revisioner: Systematiska granskningar av modellerna och deras förutsägelser av interna eller externa experter för att säkerställa att modellerna fortsätter att fungera på ett rättvist och korrekt sätt. Dessa granskningar bör omfatta både statistiska analyser och kvalitativa bedömningar.
- Återkopplingsloopar: Inrätta mekanismer som gör det möjligt för användarna att ge återkoppling på AI:ns beslut. Denna återkoppling kan användas för att kontinuerligt förbättra modellen och upptäcka och åtgärda potentiella problem med partiskhet i ett tidigt skede.

Involvering av intressenter

Att involvera domänexperter, etiker och berörda samhällen är också avgörande för att säkerställa att fördomar hanteras på ett heltäckande och etiskt sätt. Genom regelbundna samråd och återkoppling kan man ta hänsyn till olika perspektiv och farhågor, vilket leder till en mer robust och rättvis AI.

Att identifiera och korrigera partiskhet i AI-system är därför en flerskiktad och kontinuerlig process som kräver olika tekniska och organisatoriska åtgärder. Genom att tillämpa dessa tekniker och skapa en kultur av rättvisa och transparens kan utvecklare och organisationer säkerställa att deras AI-modeller fattar rättvisa och tillförlitliga beslut.

Verktyg och ramverk för analys av partiskhet

Det finns en mängd olika verktyg och ramverk som är särskilt utformade för att identifiera, analysera och minimera partiskhet i artificiell intelligens och maskininlärningsmodeller. Dessa verktyg ger utvecklare de verktyg som behövs för att kontrollera att deras modeller är rättvisa och korrigera eventuella fördomar.

AI Rättvisa 360

AI Fairness 360 (AIF360) är en omfattande verktygslåda med öppen källkod som utvecklats av IBM för att säkerställa rättvisa under hela livscykeln för maskininlärningsmodeller. Den tillhandahåller en mängd olika mätvärden för att analysera partiskhet och flera algoritmer för att mildra partiskhet i förbehandlings-, in-processing- och post-processing-faserna.

AIF360 innehåller olika funktioner och egenskaper som syftar till att stödja utvecklare och datavetare i att identifiera och minska bias i sina modeller. Bland de viktigaste funktionerna finns olika mätvärden för partiskhet, till exempel Disparate Impact och Equalised Odds. Dessa mått gör det möjligt för användare att systematiskt bedöma hur rättvisa deras modeller är och identifiera specifika områden där orättvisa kan förekomma.

Dessutom tillhandahåller AIF360 flera algoritmer som är utformade för att minimera bias. Dessa algoritmer kan användas i olika faser av modellträning och modellutveckling. Vid förbearbetning kan data omvandlas på ett sådant sätt att befintliga bias reduceras. Under in-processing hanteras bias direkt i träningsprocessen genom att algoritmerna anpassas för att uppnå mer rättvisa förutsägelser. I efterbearbetningen kan slutligen justeringar göras av resultaten för att säkerställa att förutsägelserna förblir rättvisa, även om de underliggande modellerna är partiska.

En annan viktig funktion i AIF360 är tillhandahållandet av interaktiva Jupyter-anteckningsböcker och omfattande handledning. Dessa resurser gör det enkelt för användare att förstå och integrera de olika biasmätvärdena och begränsningsalgoritmerna i sina egna arbetsflöden för maskininlärning. Anteckningsböckerna ger praktiska exempel och steg-för-steg-instruktioner för att underlätta implementeringen och användningen av AIF360-verktygen.

Eftersom AIF360 har utvecklats i Python kan det integreras sömlöst i befintliga arbetsflöden för maskininlärning. Det gör det till ett flexibelt och lättillgängligt verktyg för utvecklare och datavetare som är intresserade av att utveckla rättvisa och etiska AI-system. Den Pythonbaserade strukturen i AIF360 gör att verktygen och algoritmerna kan användas i olika skeden av modelleringsprocessen, vilket säkerställer rättvisa genom hela processen.

Sammanfattningsvis är AI Fairness 360 en värdefull verktygslåda för att analysera och minska partiskhet i maskininlärningsmodeller. Med sina omfattande mätvärden, algoritmer och stödresurser ger den utvecklare och datavetare de nödvändiga verktygen för att utveckla rättvisa och jämlika AI-system.

Indikatorer för rättvisa

Fairness Indicators är ett verktyg utvecklat av Google som hjälper utvecklare att skapa rättvisa och ansvarsfulla maskininlärningsmodeller. Det ger ett enkelt, skalbart och flexibelt sätt att beräkna och utvärdera rättvisemått.

Verktyget gör det möjligt att bedöma rättvisemått för olika demografiska grupper, vilket är särskilt viktigt för att säkerställa att maskininlärningsmodeller inte har systematiska fördomar mot vissa grupper. Genom att systematiskt analysera och granska kan utvecklare säkerställa att deras modeller fattar rättvisa beslut, oavsett faktorer som kön, ålder, etnicitet eller andra demografiska egenskaper.

En viktig funktion i Fairness Indicators är visualiseringsverktygen som gör det möjligt för utvecklare att skapa instrumentpaneler för rättvisa. Dessa instrumentpaneler ger ett intuitivt och lättförståeligt sätt att visualisera och övervaka en modells rättvisa. Genom att visualisera rättvisemåtten kan utvecklare och intressenter snabbt och effektivt identifiera var det kan finnas orättvisor och var det behövs förbättringar.

Fairness Indicators är särskilt utformat för att integreras i TensorFlow-arbetsflöden. Den integreras sömlöst med TensorFlow Extended (TFX), vilket gör det möjligt för utvecklare att bädda in rättvisebedömningar direkt i sina befintliga maskininlärningspipelines. Detta säkerställer kontinuerlig övervakning och förbättring av rättvisa under hela modellutvecklings- och distributionsprocessen.

Även om Fairness Indicators är optimerat för integration med TensorFlow har det även stöd för andra ramverk. Detta ger utvecklare flexibiliteten att använda verktyget i olika maskininlärningsmiljöer, oavsett vilken specifik teknik de föredrar. Denna interoperabilitet säkerställer att Fairness Indicators har en bred tillämpning och kan bidra till att förbättra rättvisan i olika sammanhang.

Sammanfattningsvis utgör Googles Fairness Indicators en värdefull resurs för utvecklare som vill skapa rättvisa och ansvarsfulla maskininlärningsmodeller. Med sina kraftfulla verktyg för att beräkna och visualisera rättvisemått och sömlös integration med TensorFlow-arbetsflöden säkerställer det att utvecklare systematiskt kan utvärdera och förbättra rättvisan i sina modeller. Dessa funktioner gör Fairness Indicators till ett oumbärligt verktyg i utvecklingen av etiska AI-system.

Fairlearn

Fairlearn är ett open source-projekt från Microsoft som hjälper utvecklare att identifiera och åtgärda rättviseproblem i sina maskininlärningsmodeller. Denna verktygssats ger omfattande resurser för att bedöma och mildra partiskhet, vilket gör det till ett viktigt verktyg för att utveckla rättvisa och etiska AI-system.

En viktig del av Fairlearn är dess rättvisemätningar och algoritmer för att minska fördomar. Med hjälp av dessa mått kan utvecklarna systematiskt bedöma hur rättvisa deras modeller är genom att analysera olika demografiska grupper och belysa hur olika grupper kan behandlas olika. Algoritmerna för att minska partiskhet tillhandahåller specifika tekniker för att minska eller eliminera identifierade partiskheter. Algoritmerna kan tillämpas i olika skeden av modellutbildningen för att säkerställa att de resulterande modellerna är rättvisa och skäliga.

En annan viktig funktion i Fairlearn är de visualiseringsverktyg som används för att illustrera rättvisefrågor. Dessa visualiseringar gör det möjligt för utvecklare att presentera resultaten av sina analyser på ett intuitivt och lättförståeligt sätt. Genom att grafiskt representera rättvisemått och åtgärder för att minska fördomar kan utvecklare och intressenter snabbt se var orättvisor finns och hur effektiva de korrigerande åtgärder som tillämpas är. Denna visuella transparens är avgörande för att skapa förtroende för modellernas rättvisa och fatta välgrundade beslut om hur de ska användas.

Fairlearn är kompatibelt med vanliga ramverk för maskininlärning, t.ex. scikit-learn, vilket underlättar integrationen i befintliga arbetsflöden. Denna kompatibilitet säkerställer att utvecklare enkelt kan införliva verktyget i sina befintliga pipelines för maskininlärning. Den sömlösa integrationen gör det möjligt att bädda in rättviseanalyser och strategier för att minska fördomar direkt i utvecklingsprocessen, vilket säkerställer kontinuerliga förbättringar av modellens rättvisa.

Eftersom Fairlearn är Python-baserat kan det på ett flexibelt sätt integreras i olika arbetsflöden för maskininlärning. Denna flexibilitet gör det till ett mångsidigt verktyg som kan användas i olika sammanhang och tillämpningsområden. Utvecklare kan använda Fairlearn för att skapa nya modeller samt granska och förbättra befintliga modeller, vilket leder till en bred tillämpning av verktygssatsen.

Sammantaget ger Fairlearn från Microsoft en heltäckande lösning för att upptäcka och åtgärda rättviseproblem i maskininlärningsmodeller. Med sina kraftfulla rättvisemått, algoritmer för att minska partiskhet och tydliga visualiseringsverktyg säkerställer det att utvecklare kan bygga rättvisa och ansvarsfulla AI-system. Dessa funktioner gör Fairlearn till ett oumbärligt verktyg i modern utveckling av maskininlärning.

Tänk om-verktyg

Googles What-If Tool är ett kraftfullt verktyg som gör det möjligt för utvecklare att utforska sina modeller på djupet och köra olika scenarier för att analysera hur de påverkar rättvisan. Syftet är att öka transparensen och begripligheten i maskininlärningsmodeller genom att tillhandahålla interaktiva och användarvänliga visualiseringar.

En av de viktigaste funktionerna i What-If-verktyget är de interaktiva visualiseringarna för modellutvärdering. Dessa visualiseringar gör det möjligt för utvecklare att intuitivt förstå hur deras modeller fungerar och hur de reagerar på olika indata. Den grafiska representationen av modellresultaten gör det lättare att identifiera och analysera komplexa samband och potentiella rättvisefrågor. Dessa visualiseringar är särskilt användbara för att jämföra modellprestanda mellan olika demografiska grupper och för att upptäcka systematiska orättvisor.

En annan viktig funktion i What-If-verktyget är möjligheten att köra "what-if"-scenarier. Utvecklare kan göra hypotetiska ändringar i indata och observera hur dessa ändringar påverkar modellens förutsägelser. Denna funktion är oerhört värdefull för att förstå hur robust och rättvisande en modell är när vissa parametrar ändras. Den ger en djupgående inblick i modellens känslighet och gör det möjligt att identifiera och åtgärda potentiella svagheter och källor till partiskhet.

What-If-verktyget stöder modeller som utvecklats med TensorFlow och AI Platform, vilket sömlöst integrerar det i befintliga Google-ekosystem. Detta stöd gör det enkelt att integrera verktyget i befintliga maskininlärningsprojekt och implementera modellutvärdering i utvecklingsprocessen. Utvecklare kan analysera sina TensorFlow-modeller direkt i What-If-verktyget och visualisera resultaten i realtid.

En annan fördel med What-If-verktyget är dess förmåga att integreras med Jupyter Notebooks och andra utvecklingsmiljöer. Detta gör det möjligt för utvecklare att införliva verktyget i sina favoritarbetsmiljöer och sömlöst integrera modellutvärdering och analys i sina befintliga arbetsflöden. Verktygets flexibilitet och användarvänlighet gör det till ett värdefullt tillskott till alla utvecklingsmiljöer för maskininlärning.

Sammantaget erbjuder Googles What-If-verktyg en heltäckande lösning för att undersöka och analysera maskininlärningsmodeller med särskilt fokus på rättvisa. De interaktiva visualiseringarna och möjligheten att köra "what-if"-scenarier ger djupa insikter i hur modellerna fungerar och hur rättvisa de är. Stödet för TensorFlow och AI Platform samt integrationsmöjligheterna i Jupyter Notebooks och andra utvecklingsmiljöer gör det till ett oumbärligt verktyg för utvecklare som vill utveckla rättvisa och transparenta AI-system.

Themis-ML

Themis-ML är en verktygslåda med öppen källkod som syftar till att upptäcka och minska partiskhet i maskininlärningsmodeller. Denna verktygslåda innehåller en omfattande samling verktyg som är särskilt utformade för att analysera och mildra partiskhet. Themis-ML riktar sig till utvecklare och datavetare som vill skapa rättvisa och etiska maskininlärningsmodeller.

En viktig egenskap hos Themis-ML är dess stöd för olika förspänningsmått och tekniker för att minska förspänningen. Med hjälp av dessa mätmetoder kan användarna systematiskt bedöma hur rättvisa deras modeller är genom att analysera olika demografiska grupper och identifiera ojämlikheter i modellens förutsägelser. Genom att tillämpa dessa mått kan utvecklare specifikt identifiera områden där deras modeller kan vara diskriminerande.

Förutom mätvärden för partiskhet erbjuder Themis-ML också en rad tekniker för att minska partiskhet. Dessa tekniker kan användas i olika skeden av maskininlärningsprocessen för att säkerställa att de resulterande modellerna är rättvisa och rättvisa. De begränsande teknikerna sträcker sig från justeringar av data före modellutbildning (förbehandling) till modifieringar under utbildningsprocessen (in-processing) och efterbehandling av modellresultaten. Genom att tillämpa dessa tekniker kan utvecklarna minska eller eliminera systematiska snedvridningar i sina modeller.

Themis-ML är kompatibelt med det allmänt använda maskininlärningsramverket scikit-learn. Denna kompatibilitet säkerställer att utvecklare enkelt kan integrera Themis-ML i sina befintliga scikit-learn-arbetsflöden. Den sömlösa integrationen gör det möjligt att införliva analys och begränsning av partiskhet direkt i utvecklingsprocessen utan behov av omfattande anpassning eller ytterligare resurser.

Eftersom Themis-ML är Python-baserat kan det på ett flexibelt och enkelt sätt integreras i olika maskininlärningsmiljöer. Denna flexibilitet gör det till ett mångsidigt verktyg som kan användas i olika sammanhang och inom olika tillämpningsområden. Utvecklare kan använda Themis-ML för att skapa nya modeller såväl som för att granska och förbättra befintliga modeller, vilket säkerställer en bred tillämpning av verktygssatsen.

Sammantaget ger Themis-ML en heltäckande lösning för att upptäcka och minska partiskhet i maskininlärningsmodeller. Med sitt stöd för olika biasmätningar och begränsningstekniker samt kompatibilitet med scikit-learn säkerställer det att utvecklare kan bygga rättvisa och ansvarsfulla AI-system. Den Python-baserade strukturen och den enkla integrationen i befintliga arbetsflöden gör Themis-ML till ett oumbärligt verktyg för modern utveckling av maskininlärning.

LIME (Local Interpretable Model-agnostic Explanations)

LIME (Local Interpretable Model-agnostic Explanations) är ett verktyg för modelltolkning som hjälper utvecklare att bättre förstå beslutsprocesserna i sina maskininlärningsmodeller. Det ger en djupgående analys av modellbeslut genom att visa vilka funktioner som påverkar besluten. Detta kan också hjälpa till att identifiera och analysera partiskhet.

En viktig egenskap hos LIME är dess förmåga att förklara modelleringsbeslut med hjälp av lokalt tolkningsbara modeller. LIME fungerar genom att förutsägelserna i en komplex modell approximeras lokalt med hjälp av enklare, tolkningsbara modeller. Dessa lokala modeller ger en begriplig representation som gör det möjligt för utvecklare att se vilka funktioner i ett visst sammanhang (dvs. nära en viss datapunkt) som påverkar modellens förutsägelse mest. Denna lokala tolkning gör det möjligt för utvecklare att förstå hur modellen fungerar i specifika fall, vilket ökar transparensen och förtroendet för modellens förutsägelser.

En annan fördel med LIME är dess stöd för olika typer av modeller och data. Det är modellagnostiskt, vilket innebär att det är kompatibelt med en mängd olika modelltyper, inklusive beslutsträd, neurala nätverk och supportvektormaskiner. LIME kan också arbeta med olika typer av data, oavsett om det är strukturerad data, textdata eller bilddata. Denna mångsidighet gör LIME till ett extremt användbart verktyg i olika maskininlärningsapplikationer.

LIME är Python-baserat och har fått stor spridning inom maskininlärningsområdet. Python-implementeringen underlättar integrationen i befintliga arbetsflöden för maskininlärning och möjliggör enkel hantering och tillämpning. Utvecklare kan integrera LIME i sina analyser för att kontrollera beslutslogiken i sina modeller och identifiera potentiell bias. Den omfattande dokumentationen och de många exemplen från communityt hjälper användarna att använda LIME effektivt och dra nytta av andras erfarenheter.

Sammanfattningsvis är LIME en värdefull metod för att tolka modellbeslut och upptäcka bias. Möjligheten att förklara komplexa modellförutsägelser genom lokalt tolkningsbara modeller gör att utvecklare kan få en djupare förståelse för hur deras modeller fungerar. Stödet för olika modelltyper och datamängder, samt dess utbredda användning i den Python-baserade maskininlärningsgemenskapen, gör LIME till ett oumbärligt verktyg för att utveckla transparenta och rättvisa AI-system.

SHAP (SHapley Additive exPlanations)

SHAP (SHapley Additive exPlanations) är ett avancerat verktyg för modelltolkning baserat på Shapley-värden. Det hjälper utvecklare att förstå hur enskilda funktioner bidrar till modellbeslut. SHAP använder begrepp från spelteori för att säkerställa en rättvis och konsekvent tilldelning av funktionernas inflytande på modellförutsägelser.

En central funktion i SHAP är beräkningen av Shapley-värden för att förklara modellens förutsägelser. Shapley-värdena är en matematiskt korrekt metod för att kvantifiera hur varje egenskap påverkar förutsägelsen av en modell. Dessa värden är särskilt användbara eftersom de inte bara representerar varje funktions bidrag till förutsägelsen, utan också säkerställer att summan av Shapley-värdena för alla funktioner korrekt återspeglar skillnaden mellan förutsägelsen och det genomsnittliga värdet av förutsägelserna. Detta möjliggör en rättvis fördelning av påverkande faktorer och hjälper utvecklare att förstå hur och varför en modell fattar vissa beslut.

Dessutom erbjuder SHAP kraftfulla visualiseringsverktyg som gör det lättare att tolka resultaten. Visualiseringarna omfattar sammanfattande diagram, beroendediagram, kraftdiagram och interaktionsdiagram. Dessa grafiska framställningar gör det lättare att intuitivt förstå hur funktionerna påverkar modellens förutsägelser och att identifiera komplexa samband mellan funktionerna och modellbesluten. Särskilt force-plottarna ger en detaljerad bild av hur de enskilda egenskaperna samverkar till en specifik prediktion.

SHAP är Python-baserat och kompatibelt med många populära ramverk för maskininlärning, t.ex. scikit-learn, XGBoost, LightGBM, Keras och TensorFlow. Denna kompatibilitet underlättar integrationen av SHAP i befintliga arbetsflöden för maskininlärning och gör det möjligt för utvecklare att sömlöst integrera modelltolkning i sin utvecklingsprocess. Det omfattande stödet för olika ramverk gör SHAP till ett mångsidigt och flexibelt verktyg som kan användas i en mängd olika applikationsscenarier.

Sammanfattningsvis ger SHAP en exakt och konsekvent metod för modelltolkning genom att beräkna Shapleyvärden. SHAP:s visualiseringsverktyg hjälper utvecklare att tolka resultaten av dessa beräkningar på ett begripligt och intuitivt sätt. Tack vare sin Python-baserade struktur och breda kompatibilitet med olika ramverk för maskininlärning är SHAP ett oumbärligt verktyg för att skapa transparenta och begripliga modeller för maskininlärning. Med hjälp av SHAP kan utvecklare bättre förstå beslutsfattandet i sina modeller och se till att deras modeller är rättvisa och ansvarsfulla.

DEon (datablad för datablad)

DEon är ett verktyg som utvecklats av Partnership on AI för att hjälpa utvecklare att skapa systematisk dokumentation för sina dataset. Dessa så kallade "datasheets" ger en strukturerad metod för att fånga och visualisera viktig information om dataset, vilket är ett avgörande steg för att identifiera och undvika partiskhet.

En viktig funktion i DEon är att det finns mallar och riktlinjer för hur datablad ska skapas. Dessa mallar hjälper utvecklare att dokumentera alla relevanta aspekter av en dataset, inklusive ursprunget till data, de metoder som använts för att bearbeta data och eventuella kända bias. Genom att systematiskt dokumentera denna information kan utvecklarna få en djupare förståelse för sina dataset och identifiera och åtgärda potentiella källor till partiskhet på ett tidigt stadium.

DEon stöder dokumentation av datasetets ursprung, bearbetningsmetoder och kända felaktigheter. Detta är särskilt viktigt eftersom det skapar transparens och möjliggör detaljerad spårbarhet. Genom att noggrant registrera ursprung och bearbetning av data kan utvecklare bättre förstå hur och varför vissa felaktigheter har uppstått och vidta riktade åtgärder för att minimera dessa felaktigheter.

DEon-applikationen kan integreras sömlöst i datahanteringsprocessen. Detta gör det möjligt för utvecklare att etablera skapandet och underhållet av datablad som en integrerad del av sitt arbetsflöde, vilket säkerställer kontinuerlig övervakning och dokumentation av dataseten.

Effektiv användning av verktyg och ramverk för att säkerställa rättvisa och transparens i modeller för maskininlärning kräver integrering i befintliga arbetsflöden för maskininlärning. En typisk process kan se ut så här:

- Databearbetning: Före modellering kontrolleras datasetet för bias med hjälp av verktyg som AIF360 eller Fairlearn. Förbehandlingstekniker för rensning och justering av data används för att minimera bias. DEon används för att skapa omfattande datablad som dokumenterar uppgifternas ursprung, bearbetning och kända systematiska fel.
- Modellträning: Under träningen används tekniker för att minska partiskheten i bearbetningen. Detta kan inkludera implementering av rättvisebegränsningar eller användning av kontradiktoriska nätverk som syftar till att utveckla rättvisa och balanserade modeller.
- Modellutvärdering: Efter utbildningen utvärderas modellen med hjälp av verktyg som What-If Tool (WIT), Fairness Indicators eller SHAP för att säkerställa att den är rättvis och opartisk. Dessa

verktyg ger en detaljerad inblick i modelleringsbesluten och hjälper till att identifiera och åtgärda potentiella källor till partiskhet.

- Regelbunden övervakning: När modellen har tagits i drift övervakas prestandan kontinuerligt och granskas regelbundet med hjälp av de verktyg som nämns ovan för att säkerställa att inga nya fördomar uppstår. Denna regelbundna övervakning är avgörande för att säkerställa att modellen förblir rättvis även under förändrade förhållanden.

Genom att integrera dessa verktyg och ramverk i den övergripande maskininlärningsprocessen kan utvecklare säkerställa att deras modeller är rättvisa, transparenta och ansvarsfulla. En systematisk tillämpning av dessa metoder bidrar till att skapa förtroende för AI-system och höja den etiska standarden inom utvecklingen av maskininlärning.

Genom att tillämpa dessa verktyg och tekniker kan utvecklare säkerställa att deras AI-system är rättvisa, transparenta och pålitliga. Detta är avgörande för att vinna användarnas förtroende och för att främja en långsiktig acceptans av AI-teknik i samhället.

Öppenhet i algoritmer och modeller

Transparens i algoritmer och modeller är en avgörande faktor för att främja förtroendet för artificiell intelligens och maskininlärning. Transparens innebär att algoritmernas funktion och modellernas beslutsprocesser är begripliga och förståeliga för utvecklare, användare och andra berörda. Detta kräver en kombination av tekniska åtgärder, bästa praxis och organisatoriska strategier. Här är några tekniker för att främja transparens i algoritmer och modeller.

Förklarlig AI (XAI)

Explainable AI syftar till att göra AI-modellernas beslutsprocesser begripliga. Detta inkluderar utveckling av modeller och algoritmer som kan förklara sina beslut på ett sätt som är begripligt för människor. Metoder för förklarande AI är

Förklaringen av modeller inom maskininlärning är av avgörande betydelse för att öka förtroendet för och acceptansen av dessa tekniker i olika tillämpningar. I det följande beskrivs och jämförs metoderna LIME, SHAP samt modellinterna metoder och modellkartor mer i detalj.

LIME (Local Interpretable Model-agnostic Explanations)

LIME är en teknik som syftar till att göra förutsägelserna i en modell begripliga genom att skapa lokala, tolkningsbara modeller som efterliknar besluten i en komplex modell nära en viss datapunkt. LIME fungerar genom att generera något förändrade datauppsättningar och observera effekterna av dessa förändringar på modellens förutsägelser. Genom att anpassa en enkel, tolkad modell, t.ex. en linjär regression, till dessa modifierade datauppsättningar kan LIME visa hur varje funktion bidrar till förutsägelsen. Detta ger en detaljerad inblick i modellens beslutsprocesser på lokal nivå.

SHAP (SHapley Additive exPlanations)

SHAP-värdena bygger på spelteoretiska principer och är en konsekvent metod för att tilldela varje funktion ett värde för dess påverkan på modellens prediktion. SHAP-värdena kvantifierar hur mycket varje funktion bidrar till skillnaden mellan den faktiska förutsägelsen och en baslinjeprognos genom att analysera effekterna av alla möjliga kombinationer av funktioner. Denna additiva egenskap hos SHAP möjliggör en omfattande och transparent förklaring av modellens förutsägelser eftersom den tydligt visar varje funktions bidrag till modellens övergripande resultat.

Modell-interna metoder

Transparenta modeller

Enkla modeller som beslutsträd, linjära regressionsmodeller och regelbaserade system är till sin natur mer begripliga och transparenta än komplexa modeller som djupa neurala nätverk. Dessa i sig transparenta modeller ger en tydlig och intuitiv tolkning av sambanden mellan indata och förutsägelser. Beslutsträd visualiserar t.ex. de beslutsvägar som modellen tar för att komma fram till en viss förutsägelse, vilket gör det möjligt att på ett lättförståeligt sätt förklara modellens logik.

Uppmärksamhetsmekanismer

I neurala nätverk, särskilt i sekventiella modeller som RNN eller transformatorer, kan uppmärksamhetsmekanismer användas för att betona de relevanta delar av indata som bidrar till prediktionen. Dessa mekanismer viktar olika delar av indatasekvensen baserat på deras relevans för den aktuella prediktionen. Detta gör det möjligt att visualisera modellens fokus på specifika datapunkter och att förstå vilka delar av indata som bidrar mest till resultatet.

Dokumentation och kommunikation

Model Cards, som utvecklats av Google AI, tillhandahåller standardiserad dokumentation för ML-modeller. De innehåller omfattande information om en modells utveckling, omfattning, prestationsmått och kända begränsningar. Denna dokumentation syftar till att främja transparens och hjälpa användarna att förstå styrkorna och svagheterna i en modell. Genom att tillhandahålla strukturerad och detaljerad information stöder modellkort ansvarsfull användning av och förtroende för ML-modeller genom att ge klarhet i deras funktionalitet och tillämpningsbegränsningar.

Valet av lämplig metod för att förklara ML-modeller beror i hög grad på användningsfallet och de specifika kraven. LIME och SHAP erbjuder flexibla, modelloberoende metoder för att göra förutsägelserna i komplexa modeller begripliga. Modellinterna metoder som transparenta modeller och uppmärksamhetsmekanismer erbjuder å andra sidan naturlig begriplighet och spårbarhet. Modellkartor kompletterar dessa tekniska metoder med omfattande dokumentation och främjar därmed transparens och förtroende för ML-modeller.

Var och en av dessa metoder har sina egna styrkor och är, beroende på sammanhang och krav, olika lämpade för att förbättra modellernas förklarbarhet och därmed öka deras acceptans och pålitlighet.

Datablad för datauppsättningar

Öppenhet i algoritmer och modeller är avgörande för att stärka förtroendet för AI-system. Användningen av förklarliga AI-metoder, omfattande dokumentation, användning av rättviseverktyg, tekniska åtgärder och organisatoriska strategier är avgörande för att säkerställa att AI-modeller är transparenta, rättvisa och ansvarsfulla. Dessa åtgärder bidrar till att främja acceptansen av och förtroendet för AI-teknik och till att förverkliga dess fulla potential till nytta för samhället.

Datablad för datauppsättningar, som utvecklats av Partnership on AI, används för systematisk dokumentation av datauppsättningar. De innehåller information om uppgifternas ursprung, insamlingsmetoder, bearbetningssteg och kända felaktigheter. Denna transparens i datakällorna är avgörande för utvärderingen av modellkvaliteten.

AI Fairness 360 (AIF360) tillhandahåller en mängd olika mätvärden för analys av partiskhet och algoritmer för att minska partiskhet. Genom att använda dessa verktyg kan utvecklare säkerställa att deras modeller är rättvisa och opartiska. Resultaten av dessa analyser bör dokumenteras och kommuniceras på ett transparent sätt. Fairlearn, som utvecklats av Microsoft, erbjuder också verktyg för att bedöma och minimera partiskhet i maskininlärningsmodeller. Det gör det möjligt att analysera och visualisera rättvisemått, vilket bidrar till transparensen i modellbesluten.

Revisionsspår registrerar alla beslut och processer som äger rum under utvecklingen och driften av en AI-modell. Dessa uppgifter kan användas för att förstå hur och varför vissa beslut fattades, vilket bidrar till transparens och ansvarsskyldighet. Utvecklare bör också offentliggöra modellarkitekturen och de hyperparametrar som används. Detta gör det möjligt för andra att bättre förstå modellens struktur och funktionalitet. Genom att publicera källkoden och algoritmerna kan utvecklarna öka transparensen i sina modeller. Projekt med öppen källkod gör det möjligt för allmänheten att granska, validera och förbättra algoritmerna.

Tvärvetenskapliga team som kombinerar expertis från olika områden som datavetenskap, etik, juridik och domänkunskap kan ge ett bredare perspektiv på utvecklingen och användningen av AI-modeller. Denna mångfald främjar transparens och förståelse för modellerna. Organisationer bör tillhandahålla regelbundna utbildnings- och medvetandehöjande program för att utbilda medarbetare om vikten av transparens, rättvisa och ansvarighet i AI-system. Organisationer bör utveckla och implementera etiska policyer och efterlevnadsprogram som främjar principerna om transparens och rättvisa i utvecklingen och användningen av AI. Detta inkluderar inrättandet av etiska kommittéer för att övervaka efterlevnaden av dessa riktlinjer.

Öppenhet i algoritmer och modeller kan uppnås genom att kombinera dessa olika tillvägagångssätt och åtgärder. Utvecklare och organisationer måste kontinuerligt sträva efter att förbättra sina metoder och integrera principerna om öppenhet och rättvisa i sina processer. Endast genom dessa omfattande insatser kan AI-teknikens fulla potential förverkligas på ett ansvarsfullt sätt och till nytta för samhället.

Transparensens betydelse för förtroendet

Öppenhet i utvecklingen och användningen av artificiell intelligens är av grundläggande betydelse för förtroendet för denna teknik. Förtroende för AI-system uppstår inte av sig självt, utan måste byggas upp genom noggranna och medvetna åtgärder som säkerställer att AI:s processer, algoritmer och beslutsmekanismer är tydliga och begripliga för alla intressenter. Transparens spelar här en avgörande roll genom att skapa grunden för förtroende och acceptans.

När användare, utvecklare och allmänhet inte förstår hur AI-system fungerar uppstår en naturlig skepsis. Denna skepsis är ofta ett resultat av osäkerhet och okunskap om hur AI-modeller fattar beslut. Utan en tydlig förståelse för de underliggande mekanismerna och logiken kvarstår en viss oförutsägbarhet som undergräver förtroendet. Transparens bidrar till att överbrygga detta gap genom att ge insikter i hur AI fungerar. När processerna är öppna och besluten kan förklaras känner sig användarna tryggare och har större förtroende för tekniken.

En viktig aspekt av transparens är att AI-beslut ska kunna förklaras. Explainable AI (XAI) syftar till att göra modellernas beslutsprocess begriplig. Det innebär att modellerna inte bara levererar resultat, utan också klargör varför och hur dessa resultat uppnåddes. Om användarna förstår skälen bakom ett beslut kan de bättre bedöma om beslutet är korrekt och lämpligt. Detta är särskilt viktigt inom känsliga områden som hälso- och sjukvård, rättsväsende eller finans, där effekterna av AI-beslut direkt kan påverka människors liv och välbefinnande.

Öppenhet främjar också ansvarsutkrävande. När AI-systemens processer och beslut är öppna kan utvecklare och operatörer ställas till svars. Detta skapar en mekanism för granskning och kontroll som säkerställer att systemen drivs i enlighet med etiska och rättsliga normer. Möjligheten att granska och revidera AI-beslut av oberoende parter stärker förtroendet för systemens integritet och rättvisa. Utan denna möjlighet skulle felaktiga beslut och partiskhet kunna förbli oupptäckta, vilket skulle försämra förtroendet avsevärt.

En annan viktig del av transparensen är att modellarkitekturer, algoritmer och dataset offentliggörs. När utvecklarna offentliggör sina modeller och de datakällor som används möjliggörs en omfattande granskning och utvärdering av forskarsamhället och andra intressenter. Detta främjar inte bara förtroendet utan bidrar också till en kontinuerlig förbättring och vidareutveckling av tekniken. Öppna modeller och data gör det möjligt för andra att identifiera fel och svagheter och komma med förslag till optimering. Denna samarbetsstrategi stärker AI-systemens robusthet och tillförlitlighet.

Öppenhet spelar också en avgörande roll för uppfattningen om rättvisa. Om användare och berörda parter förstår hur beslut fattas och vilka data som används, kan de bättre bedöma om processerna är rättvisa och opartiska. Detta är särskilt relevant i sammanhang där historiska fördomar och diskriminering kan förekomma i uppgifterna. Genom att redovisa databehandlings- och beslutsprocesserna kan utvecklarna säkerställa att deras system är rättvisa och inkluderande. Öppenhet gör det också möjligt att upptäcka och åtgärda fördomar i ett tidigt skede, innan de påverkar modelleringsbesluten.

En annan aspekt av transparens är tydlig kommunikation och dokumentation av AI-systemens begränsningar och osäkerhetsfaktorer. Ingen modell är perfekt, och det är viktigt att teknikens begränsningar och osäkerheter kommuniceras öppet. När användarna känner till de områden där AI kan vara felaktig eller osäker, kan de fatta mer välgrundade beslut om hur de ska använda och tolka resultaten. Denna ärliga kommunikation bidrar i hög grad till att förhindra orealistiska förväntningar och öka förtroendet för tekniken.

Slutligen bidrar transparens också till den etiska acceptansen av AI. I en värld där etiska överväganden blir allt viktigare är det avgörande att öppet redovisa de etiska grunder och principer enligt vilka AI-system utvecklas och drivs. Det handlar bland annat om att redovisa etiska riktlinjer, följa dataskyddsbestämmelser och säkerställa att systemen främjar välbefinnandet för användarna och samhället i stort. Öppenhet på dessa områden visar att utvecklare och operatörer tar ansvar och tar den påverkan deras teknik har på samhället på allvar.

Implementering av säkerhetsprotokoll

Implementeringen av säkerhetsprotokoll i system för artificiell intelligens (AI) är avgörande för att säkerställa deras integritet, konfidentialitet och tillgänglighet. Säkerhetsprotokoll skyddar AI-system från en rad olika hot, bland annat cyberattacker, dataförfalskning och obehörig åtkomst. Följande aspekter och strategier ger en heltäckande metod för att implementera effektiva säkerhetsprotokoll.

Datasäkerhet och dataskydd

Kryptering av data, både i vila och under transport, är en grundläggande säkerhetsåtgärd. Detta förhindrar obehörig åtkomst och skyddar känslig information från stöld och missbruk. Symmetriska och asymmetriska krypteringsmetoder, t.ex. AES och RSA, ger robusta skyddsmekanismer. Strikt åtkomstkontroll säkerställer att endast behöriga användare har tillgång till data och AI-systemet. Detta inkluderar implementering av multifaktorautentisering (MFA), rollbaserad åtkomstkontroll (RBAC) och finkorniga auktoriseringar. MFA ökar säkerheten genom att kräva ytterligare autentiseringsfaktorer, t.ex. biometri eller engångslösenord.

Modell- och systemintegritet

Regelbundna säkerhetsrevisioner och penetrationstester är avgörande för att identifiera och åtgärda sårbarheter i AI-system. Dessa tester bör utföras av oberoende säkerhetsexperter för att säkerställa att potentiella attackvektorer identifieras och motverkas. Versionskontrollsystem (t.ex. Git) och detaljerade verifieringskedjor hjälper till att spåra ändringar i modellerna och systemarkitekturen. Detta underlättar identifieringen av förändringar och potentiella sårbarheter som införs genom programuppdateringar eller modellanpassningar.

Skydd mot kontradiktoriska attacker

AI-modeller bör testas mot kontradiktoriska attacker där skadliga indata används för att manipulera modellen. Tekniker som adversarial training, där modellen tränas med avsiktligt störda data, kan öka robustheten mot sådana attacker. Anomalidetekteringssystem kan identifiera ovanlig aktivitet eller indata som kan tyda på en attack. Genom att övervaka indataströmmar och modellförutsägelser kan misstänkta mönster identifieras tidigt och lämpliga åtgärder vidtas.

Säkra utvecklingsmetoder

Det är avgörande att säkerhetsfrågorna integreras i hela utvecklingscykeln. Secure Software Development Life Cycle (SDLC) omfattar planering, utveckling, testning, driftsättning och underhåll av AI-system med säkerhetskraven i åtanke. Säkerhetstestning och hotmodellering bör utföras i varje steg av SDLC. Regelbundna kodgranskningar och statiska kodanalyser hjälper till att identifiera säkerhetsluckor och sårbarheter i källkoden. Automatiserade verktyg som SonarQube eller Checkmarx kan stödja upptäckten av säkerhetsproblem.

Dataskydd och regelefterlevnad

Det är viktigt att följa lagar och riktlinjer för dataskydd, t.ex. den allmänna dataskyddsförordningen (GDPR) i EU eller California Consumer Privacy Act (CCPA). Detta omfattar implementering av dataskyddsåtgärder som dataminimering, ändamålsbegränsning och den registrerades rättigheter. Tekniker för anonymisering och pseudonymisering av personuppgifter skyddar användarnas integritet. Detta minskar risken för att känslig information kommer på avvägar om en dataläcka inträffar.

Löpande övervakning och incidenthantering

Kontinuerlig övervakning av system för säkerhetsincidenter är avgörande. SIEM-system (Security Information and Event Management) samlar in och analyserar säkerhetshändelser i realtid för att snabbt kunna identifiera hot. En tydligt definierad incidenthanteringsplan säkerställer att teamet är förberett för säkerhetsincidenter. Planen bör innehålla processer för att upptäcka, bedöma, begränsa och lösa säkerhetsincidenter samt för att kommunicera med intressenter.

Utbildning och medvetandegörande

Regelbundna utbildnings- och medvetandehöjande program för medarbetarna ökar medvetenheten om säkerhetsrisker och bästa praxis. Utbildningen bör fokusera på ämnen som nätfiske, säkra lösenord och identifiering av säkerhetsincidenter. Det är viktigt att främja en säkerhetskultur inom organisationen. Medarbetarna bör uppmuntras att rapportera potentiella säkerhetsproblem och aktivt bidra till systemens säkerhet.

Att implementera säkerhetsprotokoll i AI-system är en flerskiktad och kontinuerlig process som omfattar tekniska åtgärder, bästa praxis och organisatoriska strategier. Genom att säkerställa datasäkerhet, modellintegritet, skydd mot kontradiktoriska attacker, efterlevnad av säkra utvecklingsmetoder, dataskydd och löpande övervakning kan utvecklare och organisationer skapa robusta och pålitliga AI-system. Dessa åtgärder bidrar till att stärka förtroendet för AI-teknik och främja en säker och ansvarsfull användning av den.

Framtidsutsikter

Aktuell utveckling inom AI-forskning om förebyggande av fel

Framtidsutsikterna för artificiell intelligens är nära kopplade till kontinuerliga framsteg inom forskning och utveckling, särskilt när det gäller att minimera fel och förbättra tillförlitligheten och rättvisan i AI-system. Följande utveckling och trender visar hur AI-forskningen syftar till att minimera fel och öka AI-teknikernas prestanda och trovärdighet.

Förbättrad förklarbarhet och transparens

Ett centralt fokus för framtida AI-forskning är att förbättra förklarbarheten och transparensen i AI-modeller. Förklarande AI (XAI) blir allt viktigare för att komma till rätta med den "svarta låda" som många AI-system utgör. Nya metoder och tekniker syftar till att göra AI-modellernas beslutsprocesser mer begripliga. Det handlar bland annat om att utveckla metoder för att visualisera beslutsvägar, ge detaljerade förklaringar till enskilda förutsägelser och implementera modeller som är begripliga i sig själva.

Integrering av etiska och juridiska aspekter

Att följa etiska och juridiska normer blir allt viktigare inom AI-forskningen. Framtida utveckling syftar till att utforma AI-system på ett sådant sätt att de inte bara uppfyller tekniska krav utan också tar hänsyn till etiska överväganden. Det handlar bland annat om att integrera rättvisemätningar, säkerställa dataskydd och ta hänsyn till etiska riktlinjer vid utveckling och implementering av AI-system. Forskningen är inriktad på att utveckla algoritmer som inte diskriminerar och som respekterar användarnas rättigheter och integritet.

Framsteg inom robusthet och säkerhet

Ett annat viktigt forskningsområde är AI-systemens robusthet mot angrepp från motståndare och oförutsedda händelser. Nya tekniker inom området träning av motståndare och säkerhetskontroller utvecklas för att göra modeller mer motståndskraftiga mot manipulation och attacker. Kontinuerlig övervakning och anpassning av modeller och implementering av mekanismer för att upptäcka avvikelser bidrar till att öka säkerheten och tillförlitligheten hos AI-system.

Utveckling av hybridmodeller

Hybridmodeller som kombinerar olika AI-tekniker är ett lovande tillvägagångssätt för att undvika fel. Dessa modeller utnyttjar styrkorna hos olika metoder för att kompensera för svagheterna hos enskilda metoder. Till exempel kan hybridmodeller kombinera neurala nätverk med regelbaserade system eller statistiska metoder för att uppnå mer robusta och exakta förutsägelser. Forskningen inom detta område syftar till att integrera de bästa egenskaperna hos olika tekniker och utveckla modeller som är mer mångsidiga och tillförlitliga.

Automatiserad maskininlärning (AutoML)

AutoML-tekniker automatiserar många av stegen i maskininlärningsprocessen, inklusive modellval, hyperparameteroptimering och feature engineering. Dessa tekniker bidrar till att minimera mänskliga fel och öka effektiviteten i modellutvecklingen. Den framtida utvecklingen av AutoML kommer att syfta till att ytterligare optimera hela arbetsflödet för maskininlärning och sänka trösklarna för användning av AI. Genom att automatisera komplexa processer kan mer exakta och robusta modeller skapas snabbare och med mindre ansträngning.

Användning av federerat lärande

Federated learning är ett tillvägagångssätt som gör det möjligt att träna AI-modeller på distribuerade datakällor utan att behöva centralisera datan. Detta förbättrar dataskyddet och säkerheten, eftersom känsliga data inte behöver överföras eller delas. Federated learning bidrar också till att öka modellernas generaliserbarhet genom att göra det möjligt att träna på olika och decentraliserade datamängder. Den framtida utvecklingen inom detta område kommer att syfta till att förbättra effektiviteten och skalbarheten hos federated learning och möjliggöra nya tillämpningar.

Förbättrade algoritmer för att upptäcka partiskhet och rättvisa

Att upptäcka och korrigera partiskhet i AI-modeller är fortfarande ett viktigt forskningsområde. Nya algoritmer och tekniker för att upptäcka och minska bias utvecklas för att säkerställa att AI-system är rättvisa och opartiska. Dessa tekniker omfattar förbehandlingsmetoder för att rensa träningsdata samt metoder för inprocessing och postprocessing för att justera modellerna och deras förutsägelser. Den kontinuerliga utvecklingen av dessa tekniker kommer att bidra till att säkerställa att AI-systemen är rättvisa och opartiska.

Användning av kvantdatorer

Kvantdatorer har potential att avsevärt öka prestandan hos AI-system. Kvantdatorer kan lösa komplexa beräkningar och optimeringsproblem mycket snabbare än konventionella datorer. Forskningen inom området kvantmekanisk maskininlärning undersöker hur kvantalgoritmer kan användas för att förbättra inlärningsprocesser och lösa tidigare olösliga problem. Framtida utveckling inom detta område kan leda till betydande framsteg när det gäller AI-modellernas effektivitet och noggrannhet.

Utökat tvärvetenskapligt samarbete

Framtidens AI-forskning kommer att bli alltmer tvärvetenskaplig och involvera experter från olika områden som datavetenskap, etik, juridik, sociologi och ekonomi. Detta samarbete kommer att göra det möjligt att utveckla mer omfattande och holistiska metoder för utveckling och implementering av AI-system. Tvärvetenskapliga team kan tillföra olika perspektiv och expertis för att säkerställa att AI-teknik används på ett ansvarsfullt sätt och till nytta för samhället.

Framtiden för AI-forskningen om förebyggande av fel kännetecknas av en mängd spännande utvecklingar och tillvägagångssätt. Den kontinuerliga utvecklingen av AI-teknik syftar till att säkerställa att AI-system är tillförlitliga, rättvisa och trovärdiga, från att förbättra förklaringsgraden och transparensen till att integrera etiska och juridiska aspekter och öka robustheten och säkerheten. Genom att använda nya tekniker som hybridmodeller, AutoML, federerat lärande och kvantdatorer, och genom att främja tvärvetenskapligt samarbete, kommer AI-forskningen att fortsätta att utveckla innovativa lösningar för att förebygga fel och förbättra prestandan. Dessa framsteg kommer att vara avgörande för att förverkliga AI-teknikens fulla potential och främja en hållbar och ansvarsfull användning av den i samhället.

Nya metoder för databehandling och modellering

Den snabba utvecklingen av artificiell intelligens och maskininlärning har lett till en mängd nya metoder för databehandling och modellering. Dessa nya metoder syftar till att förbättra AI-systemens effektivitet, noggrannhet och robusthet. Här är några av de mest innovativa metoderna som för närvarande utvecklas och används inom forskning och praktik.

Överföringsinlärning

Transfer learning är ett tillvägagångssätt där en modell som redan har förtränats på en stor mängd data överförs till en specifik, ofta mindre uppgift. Detta gör det möjligt att träna modeller snabbare och mer effektivt med mindre data, eftersom modellen redan har lärt sig grundläggande funktioner och strukturer. Transfer learning är särskilt användbart inom områden där det råder brist på märkta data, t.ex. medicinsk bildbehandling.

Självövervakad inlärning

Self-supervised learning är ett nytt tillvägagångssätt där modeller lär sig från omärkta data genom att själva övervaka kontexten i data. Detta kan uppnås genom uppgifter som att förutsäga saknade delar av en bild eller nästa ord i en text. Självövervakad inlärning minskar beroendet av stora, märkta dataset och gör det möjligt att använda de stora mängder omärkta data som finns tillgängliga.

Lärande med få skott

Few-shot learning syftar till att utveckla modeller som kan lära sig från bara ett fåtal exempel. Detta är särskilt användbart i scenarier där endast ett fåtal märkta datapunkter finns tillgängliga. Tekniker som metainlärning, där modellen lär sig när du lär dig, är centrala för detta tillvägagångssätt. Few-shot learning gör det möjligt att snabbt anpassa och driftsätta AI-system inom nya områden.

Generativa modeller

Generativa modeller som Generative Adversarial Networks (GANs) och Variational Autoencoders (VAEs) kan generera nya datapunkter som liknar träningsdata. Dessa modeller används i olika tillämpningar, från bildgenerering till datasyntes, och bidrar till att förbättra datatillgängligheten och datakvaliteten. De är särskilt användbara vid dataförstärkning och utbildningsmodeller i datafattiga miljöer.

Grafiska neurala nätverk (GNN)

Graph Neural Networks är specialiserade modeller som är utformade för att arbeta med data som kan representeras som grafer. Detta är särskilt användbart för data med komplexa relationer, t.ex. sociala nätverk, molekylära strukturer eller trafiknätverk. GNN kan direkt modellera topologin i data och därmed göra mer exakta och intuitiva förutsägelser.

Förstärkningsinlärning (RL)

Förstärkningsinlärning, särskilt djup förstärkningsinlärning, har nått anmärkningsvärda framgångar inom områden som spel, robotteknik och autonom körning. RLmodeller lär sig genom att interagera med sin omgivning och får belöningar eller bestraffningar för vissa handlingar. Denna metod är särskilt effektiv för problem som involverar sekventiella beslut och långsiktig optimering.

Förklarlig AI (XAI)

Explainable AI syftar till att göra AI-modellernas beslutsprocesser mer begripliga. Nya angreppssätt inom förklarande AI inkluderar tekniker som SHAP (SHapley Additive exPlanations) och LIME (Local Interpretable Model-agnostic Explanations), som hjälper till att förklara enskilda egenskapers bidrag till en modells förutsägelser. XAI är särskilt viktigt för tillämpningar inom reglerade områden där transparens och spårbarhet är avgörande.

Bayesianska metoder

Bayesianska metoder integrerar osäkerheter i modellförutsägelserna, vilket leder till mer robusta och tillförlitliga resultat. Dessa metoder är särskilt användbara inom områden där osäkerhet och variabilitet spelar en stor roll, t.ex. inom medicin eller finansiella prognoser. Bayesianska nätverk och gaussiska processer är exempel på sådana metoder.

Edge AI

Edge AI innebär att AI-modeller körs direkt på enheter i utkanten av nätverket, t.ex. smartphones, IoT-enheter och sensorer. Detta minskar latenstiden och behovet av dataöverföring till centraliserade servrar, vilket ökar effektiviteten och säkerheten. Ny utveckling inom modellkomprimering och optimerad hårdvaruacceleration gör Edge AI alltmer praktiskt och kraftfullt.

Multimodala modeller

Multimodala modeller kombinerar data från olika källor, t.ex. text, bilder och ljud, för att göra mer omfattande och exakta förutsägelser. Dessa modeller är särskilt användbara för komplexa applikationer som autonoma fordon som förlitar sig på visuella, auditiva och andra sensoriska data samtidigt. Integrationen av olika datamodaliteter gör det möjligt att utveckla rikare och mer kontextmedvetna modeller.

Kontinuerligt lärande

Kontinuerlig inlärning (eller livslångt lärande) är ett tillvägagångssätt där AI-modeller kontinuerligt lär sig av nya data utan att glömma vad de redan har lärt sig. Detta är särskilt viktigt för tillämpningar som ständigt utvecklas, t.ex. personliga rekommendationer eller adaptiv inlärning. Kontinuerlig inlärningsteknik hjälper till att lösa problemet med "katastrofal glömska", där en modell lär sig ny information men förlorar gammal information i processen.

De nya metoderna för databehandling och modellering driver fram nästa generations AI-system genom att förbättra effektiviteten, noggrannheten och robustheten. Dessa innovationer hjälper till att övervinna de utmaningar som är förknippade med att skala upp och tilllämpa AI i verkliga scenarier. Genom att integrera dessa avancerade metoder kan utvecklare och forskare se till att AI-systemen blir mer tillförlitliga, rättvisa och anpassningsbara, vilket i slutändan leder till en bredare acceptans och användning av AI-teknik i samhället.

Forskningsinitiativ och -projekt

Forskningsinitiativ och projekt inom området artificiell intelligens spelar en avgörande roll för att främja innovation och hantera komplexa utmaningar. Dessa initiativ sträcker sig från akademiska forskningsprogram till industrikonsortier och internationella samarbeten och fokuserar på olika aspekter av AI, inklusive maskininlärning, etik, förklarbarhet och robusthet.

OpenAI är en ledande forskningsorganisation som fokuserar på att utveckla och förbättra säker och generell artificiell intelligens (AGI). Ett välkänt projekt inom OpenAI är GPT (Generative Pre-trained Transformer), som är känt för sina framsteg inom området bearbetning av naturligt språk. OpenAI är också starkt involverat i forskning om säkerhet och etik inom AI och publicerar regelbundet forskningsresultat och verktyg som är tillgängliga för en bredare allmänhet.

Google AI är Googles forskningsavdelning som fokuserar på avancerad AI och maskininlärning. Viktiga projekt inkluderar TensorFlow, ett programvarubibliotek med öppen källkod för maskininlärning, och utvecklingen av algoritmer för självkörande bilar, medicinsk diagnostik och språkbehandling. Google AI främjar också förklaringen av och rättvisan i AI genom initiativ som What-If Tool och Model Cards.

DeepMind, ett dotterbolag till Alphabet, är känt för sitt banbrytande arbete inom tillämpning av djupinlärning och förstärkningsinlärning. Ett anmärkningsvärt projekt är AlphaGo, som för första gången besegrade en mänsklig Go-mästare. DeepMind bedriver också intensiv forskning kring tillämpningar inom medicin, till exempel att använda AI för att förutse njursjukdomar och analysera ögonsjukdomar.

The Partnership on AI är en ideell organisation som grundats av ledande teknikföretag som Amazon, Apple, Facebook, Google och Microsoft. Syftet är att främja forskning och dialog om de etiska, sociala och ekonomiska konsekvenserna av AI. Organisationen stödjer projekt och arbetsgrupper som behandlar ämnen som rättvisa, transparens, förklarbarhet och dataskydd inom AI.

AI4EU är ett europeiskt projekt som finansieras av Europeiska kommissionen för att skapa en gemensam plattform för AI i Europa. Projektet syftar till att stödja forskning och innovation inom AI och tillhandahålla ett brett utbud av tjänster, verktyg och data för forskare, företag och beslutsfattare. AI4EU främjar också samarbete mellan olika aktörer i AI-ekosystemet.

FAIR är Facebooks forskningsavdelning som fokuserar på utveckling av AI-teknik. Projekten omfattar framsteg inom datorseende, bearbetning av naturligt språk och maskininlärning. FAIR publicerar regelbundet forskningsartiklar och verktyg med öppen källkod för att stödja AI-communityn. Ett anmärkningsvärt projekt är PyTorch, ett maskininlärningsbibliotek med öppen källkod som används i stor utsträckning.

IBM Research AI är IBM:s forskningsavdelning för AI och har bidragit väsentligt till utvecklingen av AI-teknik. Watson, IBM:s kognitiva datorsystem, är ett välkänt exempel som används inom olika områden som sjukvård, finansiella tjänster och utbildning. IBM Research AI fokuserar också på förklarbarhet, rättvisa och säkerhet i AI-system.

MIT-IBM Watson AI Lab är ett gemensamt forskningsinitiativ från Massachusetts Institute of Technology (MIT) och IBM. Labbet bedriver forskning inom en rad olika ämnen, bland annat grundläggande framsteg inom AI, tillämpning av AI i industrin och utforskning av AI:s samhälleliga påverkan. Samarbetet syftar till att tänja på gränserna för AI och utveckla innovativa lösningar på verkliga problem.

Stanford University's Human-Centered AI Initiative främjar forskning och utveckling av AI-system som är människocentrerade och etiskt ansvarsfulla. Initiativet undersöker de sociala och etiska konsekvenserna av AI och utvecklar teknik som främjar mänskligt välbefinnande. HAI främjar tvärvetenskaplig forskning och samarbete för att maximera AI:s positiva inverkan på samhället.

Alan Turing Institute är Storbritanniens nationella institut för datavetenskap och AI. Det främjar banbrytande forskning inom maskininlärning, datavetenskap och AI. Institutet har ett nära samarbete med industripartners och organisationer inom den offentliga sektorn för att utveckla innovativa lösningar och främja tillämpningen av AI inom en rad olika sektorer.

OpenAI har gjort betydande framsteg inom multimodal AI-forskning med projekten DALL-E och CLIP. DALL-E är en modell som kan generera realistiska bilder från textbeskrivningar, medan CLIP (Contrastive Language-Image Pretraining) syftar till att koppla samman bilder och text på ett sätt som möjliggör kraftfull visuell sökning och tolkning. Dessa projekt visar på AI:s potential att gå bortom enskilda modaliteter och bemästra komplexa uppgifter.

Initiative for the Integration of AI into Society (I-AIM) är ett globalt initiativ som fokuserar på integrationen av AI i samhället. Det främjar forskning och utveckling av AI-teknik som tar itu med sociala och ekonomiska utmaningar. Initiativet arbetar med projekt som syftar till att förbättra sjukvård, utbildning och offentlig förvaltning genom att implementera och sprida AI-lösningar.

Slutsats

I slutändan handlar det om vad som växer snabbast: möjligheterna eller riskerna med artificiell intelligens

Å ena sidan erbjuder AI många fördelar och potential inom många områden. Inom medicin stöder AI diagnos och behandling av sjukdomar, individanpassad medicin och utveckling av nya läkemedel. Genom avancerade bildtekniker och dataanalyser leder AI till mer exakta diagnoser och effektivare behandlingsplaner. AI bidrar också till att öka produktiviteten och effektiviteten i näringslivet genom att automatisera och optimera processer. Genom att ta över repetitiva uppgifter kan den mänskliga arbetskraften koncentrera sig på mer kreativa och komplexa arbetsuppgifter. AI bidrar också till att lösa miljöproblem genom att känna igen mönster i stora datamängder och därigenom använda resurser mer effektivt och minska utsläppen. Inom utbildning och forskning ökar AI tillgången till kunskap och påskyndar vetenskapliga upptäckter. Vardagliga tillämpningar som personliga rekommendationer, röstassistenter och självkörande fordon förbättrar bekvämligheten och effektiviteten i det dagliga livet.

Samtidigt finns det betydande risker och utmaningar förknippade med användningen av AI. Ett stort problem är att befintliga fördomar och diskriminering förstärks när AI-system tränas på partisk data. Detta kan leda till orättvisa beslut inom områden som straffrätt, utlåning och sysselsättning. Automatisering genom AI kan också leda till betydande förluster av arbetstillfällen, särskilt i branscher som är starkt beroende av rutinuppgifter. Detta kräver omfattande strategier för att omskola och höja kompetensen hos den berörda arbetskraften. Säkerhetsrisker till följd av manipulering och cyberattacker utgör ytterligare ett hot, eftersom illasinnade aktörer kan använda AI för att orsaka skada, oavsett om det sker genom riktade attacker, desinformation eller annan brottslig verksamhet. Många AI-system, särskilt de som bygger på djupinlärning, är "svarta lådor" vars beslutsprocesser är svåra att förstå. Detta försvårar spårbarheten och ansvarsutkrävandet av AI-beslut. Utvecklingen och användningen av AI väcker också komplexa etiska frågor, bland annat om ansvaret för beslut som fattas av AI-system och den långsiktiga påverkan på samhället.

Möjligheterna med AI växer parallellt med riskerna, och det är svårt att göra ett generellt uttalande om huruvida riskerna växer snabbare än möjligheterna. En viktig punkt är att tillväxttakten för risker och möjligheter i hög grad beror på reglering, implementering av etiska riktlinjer och social acceptans. Genom noggrann och genomtänkt utveckling och användning av säkerhets- och etikprotokoll kan många risker minskas. Detta kräver dock ett proaktivt förhållningssätt från politik, näringsliv och vetenskap. Det är viktigt att investera i forskning för att identifiera och minska fördomar, förbättra insynen i AI-system och utveckla robusta säkerhetsåtgärder.

Det går inte att entydigt säga att riskerna med AI växer snabbare än möjligheterna. Båda utvecklas snabbt och parallellt. Det viktiga är att samhället tar både möjligheterna och riskerna på allvar och vidtar riktade åtgärder för att maximera nyttan med AI och samtidigt minimera riskerna. Genom ansvarsfull innovation, omfattande reglering och etiska överväganden kan man hitta en balans som tar tillvara fördelarna med AI och minskar de potentiella farorna.